Charles E. Ritterband

GRANT UND GRANDEZZA

Randbemerkungen zu Österreich

ueberreuter

1. Auflage 2018
© Carl Ueberreuter Verlag, Wien 2018
ISBN 978-3-8000-7694-9

Covergestaltung: Saskia Beck, s-stern.com
Cover- und Innenillustrationen: © Michael Pammesberger
Lektorat: Marina Hofinger
Satz: Hannes Strobl, Satz · Grafik · Design, Neunkirchen
Druck und Bindung: Finidr s. r. o.

www.ueberreuter-sachbuch.at

INHALT

EIN GRUSS AUS DER KÜCHE – SOZUSAGEN

Ich gebe zu: Letztlich sind wir Schweizer schuld. Wir haben den braven Österreichern die kapriziösen Habsburger aufgehalst, mit ihrem Größenwahn und ihrer Grandezza – während wir zwischen unseren Bergen und Seen hübsch bescheiden, reich und teuer, fallweise neutral und in jedem Fall überschaubar blieben. Die Österreicher haben über Jahrhunderte den vorauseilenden Gehorsam verinnerlicht (und leben damit ganz gut), während wir den Obrigkeiten stets skeptisch und manchmal auch aufmüpfig gegenüberstehen (was uns auch nicht geschadet hat). Wir sind – nach Möglichkeit, das heißt: wenn es uns selber nicht schadet – kritisch.

Ist Wien, diese Metropole imperialer Grandezza, Welthauptstadt des Charmes (wie es sich selber sieht) – oder Welthauptstadt des Grants (wie es andere sehen)? Nirgendwo sonst habe ich so viele grantige, ja böse-verbitterte Mienen gesehen wie in Wien. Und das in der U-Bahn ebenso wie im Musikverein oder bei Premieren in der Staatsoper. Dabei haben die Wiener alles andere als Grund für den Grant: Sie leben in einer der wunderbarsten Städte der Welt – mit der höchsten Lebensqualität, die man sich vorstellen kann. Fairerweise wäre hinzuzufügen: Der Grant beschränkt sich fast ausschließlich auf die Angehörigen der älteren Generation. Die Jungen, denen ich täglich begegne und mit denen ich beruflich zu tun habe, sind in der Regel fachlich kompetent, höflich, hilfsbereit und noch dazu, als kleines Extra, wirklich charmant. Na also.

Wien war schon Welthauptstadt von so manchem: „Welthauptstadt des schönen Scheins", „Welthauptstadt des Walzers", „Welthauptstadt der Lebensfreude" – aber auch „Welthauptstadt des Antisemitismus", in der Ära des Bürgermeisters Karl Lueger, der erstmals Antisemitismus zum politisch-populistischen Programm erhoben hatte, und etwas mehr als zwei Jahrzehnte später, in der dunklen Zeit seines gelehrigen Schülers Adolf Hitler. Inzwischen hat Wien das Attribut „Welthauptstadt des Antisemitismus" sichtlich erleichtert an Wiener Neustadt abgetreten. Denn in Wien findet eine bemerkenswerte Wiederbelebung der vermeintlich ausgetilgten jüdischen Kultur statt – unter aktiver Beteiligung und großzügiger Förderung der Stadt Wien. Das verdient Anerkennung.

Zweifellos war und ist Wien die Welthauptstadt der Musik. Was da täglich an Konzerten und Opern von Weltklasse geboten wird, macht der Donaumetropole wohl keine andere Stadt des Erdballs so schnell nach. Die alte Grandezza des Barock und Rokoko, des Biedermeier und der Ringstraßenära wurde liebevoll restauriert und erstrahlt nachts im Lichterglanz zeitgemäßer Beleuchtungskonzepte. Und einmal pro Jahr zelebriert sich die Wiener Grandezza im glanzvollsten Ritual, das die Donaumetropole zu bieten hat: am Opernball. Die rauschendste aller Ballnächte macht den alltäglichen Wiener Grant vergessen, während die im Großeinsatz befindlichen TV-Moderatorinnen und Moderatoren ihren kampferprobten Wiener Charme über ungezählte Fernsehsender in alle Welt tragen.

Vor genau einem Jahrhundert ist der Erste Weltkrieg zu Ende gegangen – und mit ihm die Herrschaft der Habsburger. An der Stelle der alten Monarchie entstand die Republik Österreich – Beginn eines neuen, auch wieder eher wechselhaften Kapitels in der illustren Geschichte dieses Landes. Auf Geschichte und deren – teils faszinierende,

10

teils erschreckende – Spuren stößt man in Wien auf Schritt und Tritt, ob man will oder nicht: Unmöglich, auf diesem geschichtsträchtigen Kopfsteinpflaster vor der Geschichte die Augen zu verschließen.

Als ich 2001 Jahren nach Wien kam, um zu bleiben, konnte ich nicht ahnen, dass ich unmittelbar vor meiner Haustür mit dem dramatischsten Wendepunkt der Weltgeschichte konfrontiert würde: der Ermordung des österreichisch-ungarischen Thronfolgers Erzherzog Franz Ferdinand und seiner Gattin Herzogin Sophie von Hohenberg: Auslöser des Ersten Weltkriegs, Anfang vom Ende der alten monarchischen Welt, Auftakt zur Entstehung der Republik. Doch darüber später mehr.

Ich bin als Korrespondent der „Neuen Zürcher Zeitung" von Buenos Aires zu meinem neuen Posten nach Wien gekommen – und, wie der Zufall so spielt, aus Argentinien ausgerechnet an die Argentinierstraße. Wien ist für mich ein Stück Heimat – meine Mutter ist hier geboren und ihre Familie war hier verwurzelt. Von regelmäßigen Besuchen bei meinen Großeltern an der Stiftgasse im siebten Bezirk bewahre ich kostbare Kindheitserinnerungen – verklärte Reminiszenzen in Pastellfarben, versüßt von Operettenklängen aus der Volksoper und Opernarien aus der Staatsoper und köstlichen Tortenstücken im „Demel".

Für die große Pause führte meine Großmutter, deren häufige Theater- und Opernbesuche bis ins letzte Detail durchorganisiert waren, in der Krokodilleder-Handtasche oder im kostbar bestickten Gobelin-Täschchen neben dem obligaten Miniaturspiegel, dem Miniaturkamm und einem Hustenbonbon für den akustischen Notfall jeweils auch eine rosarote Packung Mannerschnitten für die plötzlichen Hungeranfälle des mit Wiener Hochkultur zwangsbeglückten kleinen Enkels mit sich. Der Durst, den diese wohlschmeckende Süßigkeit im nächsten Akt auslöste, blieb nicht weniger unvergesslich als die Opernarien und Operettenmelodien.

Meine Großmutter hatte mir damals die letzte noch nicht abgetragene Bombenruine gleich neben der historischen Ruprechtskirche gezeigt und auch auf die damals noch vorhandenen Einschusslöcher auf verschiedenen Gebäuden hingewiesen. Über die Ringstraße rüttelte noch die alte rote und ständig bimmelnde Straßenbahn mit ihren Holzböden. Natürlich war in Zürich alles viel moderner – aber deutlich weniger romantisch. Hier war alles interessant und irgendwie abenteuerlich.

Aber diese Nachkriegswelt begann sich langsam aufzulösen, und mit ihr all die verbitterten Kriegswitwen mit ihren grünen Filzhüten, ihren garstigen, kläffenden Hündchen auf dem Schoß und, neben dem Einspänner auf dem Marmortischchen des Kaffeehauses, den diversen Illustrierten mit Soraya und anderen aufsehenerregenden Prinzessinnen auf dem schwarzweißen Titelbild. Für mich aus dem puritanischen Zürich war Wien gleichzeitig die Stadt der monarchischen Grandezza und gleichzeitig der Tristezza, der düsteren Kriegsreminiszenzen, aber auch des Glanzes aus hundert Kristalllustern – eine große Bühne für Theater und Oper, für elegante Nachmittagskaffees bei diskreter Klaviermusik im Lieblingskaffeehaus meiner Oma, dem eleganten „Imperial".

Wien begann langsam den Staub und den Schmerz der Kriegsjahre abzulegen – nicht aber seine elegant als Wiener Charme kaschierte Verlogenheit, das spürte ich schon als Kind. Historische Nostalgie ersetzte die historische Aufrichtigkeit. Und Nostalgie ließ sich gut vermarkten –

nicht nur die republikanischen Schweizer Besucher, auch die reichen Amerikaner flogen bedingungslos auf alles, was auch nur entfernt an den guten alten Kaiser und die schöne, ewig junge Sisi erinnerte.

Inzwischen war Österreich der EU beigetreten, der Eiserne Vorhang gefallen und Wien lag nicht mehr in einer geopolitischen Sackgasse. Es hatte damit endgültig den Anschluss an die Welt gefunden (den es mit dem Besuch von Präsident Kennedy und Kreml-Chef Chruschtschow 1961 bereits versuchsweise geprobt hatte). Seit Waldheim hat sich Österreich mehr oder weniger freiwillig auf den holprigen Pfad der Vergangenheitsbewältigung begeben. Der Prozess der Aufarbeitung jener düstersten Epoche der österreichischen Geschichte dürfte noch lange nicht abgeschlossen sein – bei der FPÖ hat er unter den kaum sehr erfolgversprechenden Vorzeichen einer reinen PR-Aktion soeben erst begonnen.

Eines jedenfalls war unverkennbar: Das Wien, das ich jetzt, nach meiner Rückkehr 2001 vorfand, war längst nicht mehr das Wien meiner Kindheit in den 50er-, 60er- und 70er-Jahren. Längst hatte es seine graue Hülle abgestreift und ist farbenfroher, vielfältiger, kosmopolitischer geworden: eine Stadt, in der man gerne lebt. Und das tue ich bis heute. In Wien hatte ich während vieler Jahre den Posten des politischen Korrespondenten inne und wirke seither als Autor, Musikkritiker und politischer Kommentator – was mir einen Überblick über die mitunter skurrile österreichische Innenpolitik, aber auch Einblick in die unergründlichen Tiefen der österreichischen Seele verschafft.

Mit dem inzwischen unvermeidlichen „Gruß aus der Küche" beginnt die kultivierte Mahlzeit – und sie findet in

Gault-Millau

Wien zu allem barocken Überfluss ihren Abschluss mit der weltberühmten „Mehlspeis". Was aber wäre eine Torte oder der Gugelhupf ohne Schlagobers, was das Schlagobers ohne Gugelhupf? Das Schlagobers auf diesem Gugelhupf sind die oft genialen, stets humorvollen und immer punktgenauen Zeichnungen von Michael Pammesberger. Kühn und unerschrocken ist er erneut das Wagnis eingegangen, auch in diesem dritten Buch des berüchtigt schreibfreudigen Eidgenossen mit treffsicherem Zeichenstift die entscheidenden Pointen zu platzieren.

Dafür schulde ich Meister Pammesberger großen Dank und höchste Anerkennung, zumal in diesen risikoreichen Zeiten: Ein Pessimist ist ein Optimist, der nachgedacht hat. Und notfalls können wir uns auch gerne die Zelle teilen. Dann wird's uns zumindest nie fad.

14

VON SCHINKING NACH FUCKING

Wieder einmal reiste ich mit dem Autozug von Feldkirch nach Wien. Die Abteile sind zwar komfortabel, aber die Zwischenwände allzu hellhörig. Kurz vor Ankunft in Wien drang eine ebenso verschlafene wie grantige Frauenstimme aus dem Nebenabteil durch die Trennwand – hörbar bemüht, ihrem forcierten Hochdeutsch Nachdruck zu verleihen: „Ich kann es auf den Tod nicht ausstehen, wenn du mit deinen Füßen in meinem Frühstück herumhängst." Gerade, dass die Unbekannte nicht hinzufügte: „Du Trottel." Gedacht hat sie es bestimmt. In Frankreich hätte man nach einer romantischen Nacht im Schlafwagen zu zweit ein bezauberndes „Bonjour chéri, t'as bien dormi?" oder in England zumindest ein höfliches „Good morning, my darling" erwartet. Nicht so hier. Willkommen in Wien, der Welthauptstadt des Grants. Grant-City Hauptbahnhof. Alles aussteigen!

Doch verlassen wir den Eisenbahnzug und katapultieren uns gedanklich ins Weltall, stellen uns die Weltkugel aus der Perspektive eines Raumschiffs vor, das sich soeben über dem europäischen Kontinent befindet. Es kann kein Zufall sein, Gott wusste genau, was er tat, als er Italien in Form eines modischen Stiletto-Stiefels kreierte, Österreich aber in den Umrissen eines Schweinskoteletts erschuf. Er tat es möglicherweise mit einem Augenzwinkern – die Österreicher und die Italiener hingegen nahmen den geografischen Wink des Schöpfers jedenfalls sehr ernst. Denn nirgendwo findet man so viel luxuriöses Schuhwerk wie in den trendigen Modevierteln Mailands – und nirgendwo sonst stößt man in Supermarktregalen auf eine derart verwirrende Vielfalt von Speck und Schinken wie in Österreich.

Das Land mit seinen 8,7 Millionen Einwohnern befördert pro Jahr durchschnittlich 5,22 Millionen Schweine in den Schweinehimmel und verschlingt in der Folge pro Person und Jahr 54,2 Kilogramm Schweinefleisch (der Durchschnittsschweizer beispielsweise 22,5 Kilogramm). Und wo in aller Welt gäbe es sonst noch eine Ortschaft namens „Schinking"? Hier gibt es sie. Sie befindet sich in der Nähe von Saalfelden im Bundesland Salzburg. Aber schließlich gibt es in Österreich auch eine andere namhafte Ortschaft, die sich tatsächlich „Fucking" nennt – von knapp 100 Fuckingern bewohnt, aber weltberühmt. Das könnte am Namen liegen. Fucking befindet sich übrigens im oberösterreichischen Bezirk Braunau am Inn – das aus ganz anderen Gründen ebenfalls Weltruhm genießt. In Braunau steht das ehemalige Wohnhaus des Zollbeamten Alois Hitler, dessen bekannterer Sohn Adolf hier am 20. April 1889 das Licht der Welt erblickte. Offenbar war er tatsächlich Österreicher.

Ein merkwürdiges Land, dieses Österreich, mit einer komplexen Geschichte, manch bizarren Traditionen und mit den weltweit meisten Geisterfahrern (Rekordhalter sind die aus der Steiermark, wo auffällig süffiger Weißwein gedeiht). Es vergeht kaum ein Tag, ohne dass meine englische Partnerin Grund hätte, sich gehörig über irgendetwas zu wundern. Dabei sollten doch die Engländer Exzentrik durchaus gewohnt sein.

Nehmen wir beispielsweise die seltsamen Morris Dancers, die mit schwarz gefärbten Gesichtern auf Englands Straßen ihr munteres Unwesen treiben und mit Stöcken aufeinander losgehen. Aber ein zünftiger Tiroler Schuhplattler, bei dem sich die lederbehosten Mannen nicht nur rhythmisch auf die Schenkel klopfen, sondern sich gegenseitig ohrfeigen, ist dann doch noch was anderes.

Auch fiel jener Engländerin auf, dass die Leute auf der Straße nicht „Servus" zueinander sagen, wie sie dies doch laut ihrem Reiseführer eigentlich tun sollten, sondern „Grüß Gott!". Das übersetzte ich ihr pflichtgemäß als „Hello God". Konnte sie begreiflicherweise nicht verstehen. Ich bemühte mich, ihr zu erklären, dass die harmlos scheinenden österreichischen Grußformeln in Wirklichkeit hochpolitische Signale enthalten. Christlichsoziale ÖVPler sagen „Grüß Gott" und Sozialdemokraten, also SPÖler, „Guten Tag". Je nach Amt tönt es also ganz verschieden aus dem Telefonhörer. Wehe, man irrt sich im Gruß. Da ist man schon von vornherein unten durch. Beamte begrüßen sich ganztägig neutral mit „Mahlzeit!" – ob sie damit den Wunsch nach einer sofortigen warmen Mahlzeit zum Ausdruck bringen, auf die mittägliche Tageszeit anspielen, zu welcher von ihnen nichts zu wollen oder zu erwarten ist, oder ob sie damit ganz einfach „Guten Appetit" meinen, bleibt unklar. Wehe, man benutzt versehentlich den falschen Gruß. Die Jungen sagen unkompliziert und zu jeder Tages- und Nachtzeit einfach „Hallo". Einst hatte man sich mit „Heil Hitler!" zu begrüßen und nur risikofreudige Witzbolde antworteten mit einem „Heil du ihn!" – oder dachten sich's zumindest im Stillen.

OTHELLO MIT SCHLAGOBERS UND KAISERLICHER NONSENS

Erklärungsbedürftig für einen Anderssprachigen ist auch die Speisekarte mit ihren Fachbegriffen, die selbst der deutschsprachige Ausländer nur mithilfe eines Wörterbuchs zu entschlüsseln vermag. Meiner Engländerin muss ich alles genau übersetzen, was die kulinarische zu einer linguistischen Herausforderung macht. Nehmen wir beispielsweise den „Kaiserschmarren" – „Emperor's nonsense". Von Unsinn kann nicht die Rede sein, „Schmarrn" kommt etymologisch offenbar von „schmieren": „Eine Speise, bei der während der Zubereitung die Ausgangsmasse des Gerichts grob in kleine Stücke zerteilt und durchgemischt wird." Klingt kompliziert. Kein Wunder, dass der Kaiserschmarren und natürlich auch die weltberühmte Sachertorte Eingang ins Unesco-Welterbe gefunden haben. Liebe geht in Wien fast ausschließlich durch den Magen, und der ist hierzulande gut durchtrainiert.

VAN DER BELLEN-KUGELN... VAN DER SCHNITZEL... SASCHERTORTE...

LIPIZZANDER VdB   PRÄSINATOR   ARNOLD VANDERBELLENEGGER

Auch im Ausland unser Star: Van der Bellen

Als Kind liebte ich die Wiener „Zuckerlgeschäfte". So etwas gab es in Zürich nicht. Da erstand man die süßen Leckereien ganz prosaisch, wie die Schweizer nun einmal sind, am Kiosk. In Wien sind die „Zuckerlgeschäfte" bunte Wunderwelten, bis unters Dach gefüllt mit allen nur erdenklichen Köstlichkeiten. Hinter jedem Ladentisch jedes Zuckergeschäfts scheint die immergleiche Dame von barocker Leibesfülle mit immer demselben zuckerlsüßen Lächeln zu thronen. Für Kinder hegt sie eine ganz besondere Vorliebe – es sind ihre besten Kunden, die, wie seinerzeit ich selbst, mit großen, glänzenden Augen dieses Paradies mit seiner Überfülle an kariösen Verlockungen betreten.

Für alle größeren Kinder gibt es in Wien die legendären Mehlspeisen. Auch Kaiser Franz Joseph I. war dieser Versuchung keineswegs abhold. Seiner kaiserlichen Majestät wurde, so will es die Legende, bei seinen höchst privaten Visiten bei der Schauspielerin Katharina Schratt in ihrer Villa gleich außerhalb des Schönbrunner Schlossparks, zur morgendlichen „Jause" in unabänderlichem Ritual ein Gugelhupf serviert. Was der Kaiser nicht wissen konnte: Die kluge Schratt schob vorsorglich stets einen zweiten Kuchen ins Backrohr – falls der erste anbrennen sollte.

Kaum dürfte dem alten Kaiser bewusst gewesen sein, dass diese Wiener Spezialität ursprünglich als „Kuchen der armen Leute" gegolten hatte. Vielleicht legte man deshalb Marie Antoinette, der an den französischen Königshof exportierten Tochter Maria Theresias, unfairerweise den berühmten Satz in den Mund, die Armen sollten doch Kuchen essen, wenn sie kein Brot hätten. In Wahrheit stammte der zynische Spruch von einem Schweizer, nämlich vom Genfer Jean-Jacques Rousseau. Dass der Gugelhupf, der gewissermaßen fröhlich aus seiner Backform

„hupft", in Form und Namen an die (hochmittelalterliche) Kopfbedeckung „Gugel" erinnert, könnte Seiner Majestät ebenfalls verborgen geblieben sein. Selbstverständlich darf im traditionell katholischen Wien die klerikal inspirierte Mehlspeise nicht fehlen: Die Kardinalschnitte, hergestellt mit Schichten aus Eiweißschaum und flaumigem Biskuit, erhielt ihren Namen dadurch, dass sie, aufgeschnitten, an den weiß-gelb gestreiften Talar des Heiligen Vaters erinnert.

Wiens Mehlspeisen sind geschichtsträchtig. Fürst Metternich soll 1832 seine Hofköche persönlich angewiesen haben, für sich und seine Gäste ein ganz besonderes Dessert zu kreieren. Da aber der Chefkoch an diesem Abend erkrankt war, musste sich der junge Lehrling des Auftrags annehmen. Er hieß Franz Sacher, war der damals nur 16-jährige Sohn eines im Dienste Metternichs stehenden Schlossverwalters – und erfand flugs die Sachertorte. „Dass er mir aber keine Schand' macht heut Abend!", soll ihn Metternich ermahnt haben. Der junge Mann machte dem Staatskanzler tatsächlich „keine Schand" – sondern im Gegenteil kulinarische Weltgeschichte.

Es war der historische Auftakt zu Wiens größter Tortenschlacht, dem skurrilen Urheberrechtsstreit um die „Original Sachertorte" zwischen „dem" Sacher und dem „K. u. k Hofzuckerbäcker Demel". Dieser tobte jahrelang – und wurde am Ende doch zugunsten des Namensgebers „Sacher" entschieden. Und wie in manchen Lebenslagen hat der „kleine Unterschied" die größten Konsequenzen: Die nunmehr für alle Zeiten sogenannte „Original Sachertorte" verfügt über zwei Marmeladeschichten – die eine direkt unterhalb der Schokolade-Kuvertüre und die andere genau in der Mitte des Biskuitteigs, während „Demels

20

Sachertorte" nur eine Marmeladeschicht unterhalb der Kuvertüre besitzt. Kenner ziehen allerdings Letztere vor. Die skurrile Angelegenheit erinnert mich lebhaft an den von Jonathan Swift in „Gullivers Reisen" geschilderten, zu einem jahrelangen erbitterten Krieg führenden Dogmenstreit zwischen Liliputanern und Blefuscanern darüber, ob nun die Frühstückseier am dicken oder dünnen Ende aufzuschlagen seien.

Die Konditorei Sacher produziert inzwischen 320 000 Torten jährlich. Aber die legendäre Hotelbesitzerin Anna Sacher (1859-1930) soll sich einmal über die nach ihrer Familie benannte weltberühmte Torte ziemlich grantig geäußert haben: „Mir schmeckt's net. Des is mir zu trocken."

Die Sachertortenschlacht ist nur noch vergleichbar mit dem erbitterten, lebenslangen Dogmenstreit zwischen meiner Wiener Großmutter und meiner Wiener Mutter um eine andere, aus Wien nicht wegzudenken Spezialität: die Vanillekipferln. Meine Großmutter bestreute diese (fälschlicherweise) mit Kristallzucker, meine Mutter (korrekterweise) mit Vanillezucker. Ich versuchte vergeblich, mit allen Mitteln der Diplomatie zwischen den beiden zu vermitteln. Die beiden Frauen blieben, diesbezüglich zumindest, unversöhnlich. Übrigens weigerte sich die Oma stets standhaft, in ein Gasthaus zu gehen: „Das steht nicht dafür", pflegte sie zu sagen, denn sie selbst koche und backe unvergleichlich besser und billiger. Wenn sie dennoch einmal auswärts zu essen hatte, würdigte sie das Aufgetischte mit kritischem Blick und gerümpfter Nase und hatte allerhand auszusetzen. Wenn sie ausnahmsweise trotz allen Bemühens kein Haar in der Suppe finden konnte, so lautete ihr allerhöchstes, nur widerstrebend erteiltes Lob: „Is sogar ganz gut."

Völlig aus der Fassung brachte meine englische Partnerin der politisch unkorrekte „Mohr im Hemd" (The Moor in a Shirt), den manche Kaffeehäuser jetzt unverfänglich unter der Bezeichnung „Othello" auf ihre Speisekarte gesetzt haben. In der Tat historisch treffsicher – denn diese raffinierte Köstlichkeit, Schokoladekuchen mit heißer Schokoladesauce und kaltem Schlagobers, soll zu Ehren der ersten Aufführung von Verdis „Othello" in der Wiener Hofoper am 14. März 1888 auf den Teller gekommen sein. Erst viel später, im Jahr 1960, widmete Inzersdorf im 23. Wiener Gemeindebezirk jenem Ereignis eine Othellogasse.

Es gehört zur Wiener Grandezza, dass Ereignisse unterschiedlichster Art jeweils eine ganze Kettenreaktion kultureller Phänomene auslösten. Die „Othello"-Premiere war nur ein Beispiel, die „Türkenmode" in ihren verschiedensten Ausprägungen ist wohlbekannt – von Kleidungsstücken, Kaffeehäusern und Kipferln bis hin zu Mozarts „Rondo alla Turca" und der „Entführung aus dem Serail"; selbst Beethoven hatte 1824 in seine 9. Symphonie Janitscharenmusik eingebaut. Weitgehend in Vergessenheit geraten ist jedoch die „Giraffomanie" der Biedermeierzeit. Der Pascha von Ägypten, Mohammed Ali, schickte drei Giraffen als Geschenke an europäische Mächte. Eines der drei exotischen Tiere langte nach strapaziöser Reise durch die nubische Wüste, übers Mittelmeer und über Ungarn 1828 in Wien ein, wo ihm in seiner eigens erbauten Behausung in Schönbrunn nur noch ein kurzes achtmonatiges Leben blieb. Dafür löste seine Ankunft eine wahre „Giraffomanie" aus – ein Penzinger Wirt organisierte ein „Giraffenfest", an dem man selbstverständlich die neuen

„Galoppes à la Giraffe" tanzte. Joseph Drechsler und Adolf Bäuerle komponierten das Singspiel „Die Giraffe in Wien" (das übrigens beim Publikum in Bausch und Bogen durchfiel), Bäcker buken ein neues Gebäck, die „Giraffeln", Klavierbauer konstruierten das raumsparende „Giraffen-Klavier", Aschenbecher und Trinkgefäße hatten nun plötzlich Giraffenform und die Biedermeier-Schönheiten begannen, ihr Haar modisch in Form eines Giraffenkopfes à la Giraffe aufzustecken, trugen Kleider, Ohrringe und Handschuhe in Giraffendesign, besorgten sich das neueste Parfum „Esprit à la Giraffe" und tapezierten ihr Boudoir mit Tapeten, die Giraffenmuster trugen. Wien stand Kopf.

Hätte Anna Sacher ihre Sachertorte mit Schlagobers genossen, hätte sie sich nicht zu jener despektierlichen Bemerkung hinreißen lassen: Ohne Schlagobers will weder der Gugelhupf noch die Sachertorte so richtig munden. Der Verzicht auf Schlagobers ist in Wien geradezu ein Sakrileg, eine kulinarische Todsünde gleichsam – und mit Todsünden hat man hier ja einschlägig Erfahrung. Die schneeweiße Zutat setzt im katholisch-sündenfreudigen Wien den lässlichen Kaloriensünden gewissermaßen die Krone auf. Aber es gibt einen Moment, da eh schon alles egal ist. Nur meine englische Partnerin, die im Puritanismus aufgewachsen ist, bleibt standhaft. In ihren Wiener Anfängen legte sie stets Wert darauf, ihre Melange auf gar keinen Fall mit Schlagobers zu konsumieren. Da ihr aber der Begriff „Schlagobers" nicht in den Kopf gehen wollte, bestellte sie beim Kellner immer höflich: „Please, eine Kaffee ohne Sauerkraut" – und erntete damit beträchtliche Lacherfolge. Gar nicht lustig sind hingegen die „Piefkes" aus dem nördlichen Nachbarland, die genau wissen, was Sauerkraut bedeutet, aber konstant von „Sahne" sprechen und den Kaffee vorne betonen. Dies trug wohl entscheidend zur Verbitterung der Wiener Kaffeehauskellner bei.

Nur in Wien ist es denkbar, dass einst tatsächlich und allen Ernstes ein Ballett unter dem Titel „Schlagobers" auf die Bühne des großen Opernhauses am Ring kam – ein, wie es damals hieß, „heiteres Wiener Ballett", dessen üppige Ausstattung noch dazu die Kleinigkeit von zwei Milliarden Kronen verschlungen haben soll. Kein Geringerer als der damalige Operndirektor Richard Strauss ließ sein heute völlig vergessenes Ballett namens „Schlagobers" am 9. Mai 1924 an der Staatsoper uraufführen.

Auch ich verstehe hier nicht immer alles. Da haben die Einsender gehässiger Leserbriefe, jeweils prompt nach meinen Donnerstagskommentaren, völlig recht. Beispielsweise wird mir die Buchstabenkombination AEIOU für immer ein Rätsel bleiben. Der habsburgische Wahlspruch, mit dem Kaiser Friedrich III. (1415–1493) alles signierte, von seinem Tafelgeschirr über sein Wappen genauso wie die Burg in Wiener Neustadt, Burg und Dom in Graz und Linzer Schloss, wurde von Maria Theresia auf der ältesten Militärakademie in Wiener Neustadt verwendet. Die Buchstabenfolge gilt, schon wegen dieser hochrangigen Tradition, als nationales Symbol Österreichs. Sie kann folglich von einem Chronisten österreichischer Besonderheiten auf keinen Fall ignoriert werden.

Was die mystische Buchstabenfolge *wirklich* bedeutet, weiß eigentlich niemand. Es soll mindestens 300 Deutungen geben. Über die wahre Bedeutung haben sich schon größere Geister ihre gewichtigen Köpfe zerbrochen. Die Interpretationen divergieren: AEIOU heiße etwas großspurig „Alles Erdreich ist Österreich untertan" – „Austriae est imperare orbi universo" (Österreich sei es bestimmt, die Welt zu beherrschen) bzw. „Austria est imperatrix omnis universi" oder dann „Austria erit in orbe ultima" (Österreich wird bestehen bis ans Ende der Welt). Aber auch „Allen Ernstes ist Österreich unersetzlich" bis hin zum wienerisch-resignativen Räsonnieren: „Am End is ollas umasunst".

Mir aber entschlüsselte sich das rätselhafte AEIOU geradezu schlagartig, als ich kürzlich versuchte, auf einem der einschlägigen Internetportale einen Flug zu buchen. Als ich meine Telefonnummer anzugeben hatte, erschien dort die vollständige Liste aller 193 Staaten der Erde. Nur – ausgerechnet Österreich konnte ich nicht finden. Unter „A" wie „Austria" fand ich natürlich sogleich „Australia", unter „O" stieß ich lediglich auf „Oman" und „Osttimor", aber nicht auf Österreich. Dieses fand sich dann, zweifellos wegen des offenbar nicht einzuordnenden Umlauts „Ö" schließlich ganz unten, an 193. Stelle.

DER HERRGOTT BESCHÜTZE UNS VOR DEM WIENER CHARME!

Laut der internationalen Expat-Internetplattform „The Local" sagt nahezu ein Viertel der in Wien lebenden Ausländer, dass Österreicher im Allgemeinen unfreundlich seien, ein Drittel gibt zu Protokoll, dass sich Österreicher insbesondere Ausländern gegenüber wenig freundlich verhielten. Offenbar gilt die Alpenrepublik – trotz ihrer Selbstwahrnehmung als eine der liebenswertesten Nationen der Welt – als eines der unfreundlichsten Länder weltweit. Österreich kam auf Platz 64 von insgesamt 65 bewerteten Nationen. Vor Kuwait immerhin – ein schwacher Trost für das Selbstbild der Österreicher.

Die Unfreundlichkeit, welche den Neuankömmlingen entgegenschlägt wie der eiskalte Winterwind, der im Dezember über den Wiener Schwarzenbergplatz fegt, hat einen Namen: Grant. In einer Umfrage (Expat Insider Survey 2017) rangierte Österreich sehr wohl an erster Stelle in Bezug auf Gesundheit, Bildung, Sicherheit und Lebensqualität, aber die menschlichen Faktoren machten es einem schwer, sich hier niederzulassen und wohl zu fühlen. Mehr als die Hälfte der Befragten sagt, es sei besonders schwer, hier Freundschaften zu schließen (in der Schweiz sind es wohl noch deutlich mehr). Mehr als ein Viertel sei „disappointed by the friendlyness of the locals" – enttäuscht von der Freundlichkeit (oder eher deren Abwesenheit). Nur neun Prozent der Befragten werteten die Freundlichkeit der österreichischen Bevölkerung als „sehr gut" – verglichen mit 29 Prozent im weltweiten Durchschnitt. Amerikanische Expats sagen, die „locals" seien „nicht sehr offen und freundlich", italienische Expats meinen, die Leute hier seien „unfreundlich, unglücklich und nicht daran interessiert, neue Freundschaften zu schließen". Nur fünf Prozent bezeichnen die Bevölkerung als „welcoming".

Im März 2005 ergriff der Geschäftsführer der Österreich Werbung während der Internationalen Tourismus-Börse in Berlin eine eigenwillige Initiative. Weil Österreich „nicht nur das charmanteste Urlaubsland" sei, sondern „auch die charmantesten Gastgeber der Welt" habe – „zuvorkommend und galant, aber niemals devot" –, sei es an der Zeit, den österreichischen Charme auf die Liste des immateriellen Weltkulturerbes setzen zu lassen:

Die österreichische Lebensart

„Um dieses einmalige Kulturgut zu bewahren", definiert als „bezaubernde Wesensart, Liebenswürdigkeit und Anmut" – auf gleicher Stufe etwa mit dem japanischen No-Theater, dem Heilwissen der Kallawaya am Titicacasee, der ägyptischen Erzählkunst, den Gelede-Riten der Yoruba und den vedischen Gesängen.

Der österreichische Charme werde personifiziert durch Harald Serafin, Toni Sailer, Tobias Moretti und Waldviertler Knödel als „charmante Leckerbissen". Das Projekt klang doch reichlich skurril und zudem wohl auch eher vermessen. Der Wiener „Standard" kommentierte treffend am 15. März 2005 auf seiner Titelseite: „Vor allem ist der offenbar ernst gemeinte Vorschlag so jenseitig, dass man ihn eigentlich gar nicht mehr wirklich ironisieren kann. Höchstens in der Form, dass man die Unesco um Schutz *vor* dem österreichischen Charme bittet." Wenn es eine Stadt gebe, deren Bewohner Schwierigkeiten damit hätten, zu Fremden freundlich zu sein, dann sei dies Wien, lautete die spontane Reaktion eines seit zehn Jahren in Wien lebenden Briten auf die Idee mit dem Charme und dem Weltkulturerbe. Zugleich wurde ein Gegenvorschlag laut: Man solle statt des angeblichen Wiener Charmes den real existierenden Wiener Grant zum Unesco-Weltkulturerbe machen. Das sei doch besser.

Inzwischen hat allerdings der offizielle österreichische Tourismusverband, der doch noch vor wenigen Jahren den österreichischen Charme von der Unesco patentieren lassen wollte, eine dramatische 180-Grad-Wendung vollzogen – gemäß der bewährten britischen Strategie „If you can't beat them – join them" (wenn du sie schon nicht besiegen kannst, schließ dich ihnen an). Der Tourismusverband hat nämlich den Grant von einer jahrzehntelang verleugneten (oder zumindest bagatellisierten) Nebensache zum Verkaufsargument gemacht.

Auf der offiziellen englischsprachigen Website der Österreich Werbung heißt es nämlich mit entwaffnender Offenherzigkeit, Kaffeehauskellner seien durchaus parteiisch in der Verteilung ihrer Gunst. In einer weltweit „einzigartigen Umkehr der Rollen" sei es in Wien im Gegensatz zu anderswo der Gast, der sich die Sympathie des Kaffeehauskellners erkämpfen müsse, und nicht umgekehrt. Bis der Gast als würdig empfunden werde, könne der jeweilige Kellner verschiedene Grade von „grumpiness, irritation and sarcasm" (Grantigkeit, Irritiertheit und Sarkasmus) an den Tag legen. Erst wenn man „Ihre Lordschaft" des Kaffeehauses – die vornehm schwarz gekleideten Herren – mit der Respekt gebietenden Bezeichnung „Herr Ober" beehre, habe man ein gewisses „Standing" im Kaffeehaus erreicht. Mittels großzügiger Trinkgelder und entsprechenden Reaktionen auf die Haltung des Kellners könne man mit Titeln wie „Herr Doktor", „Herr Geheimrat" angesprochen werden. Die höchstrangigen Stammgäste

28

würden mit einem ehrfürchtigen „Das Übliche, Herr Professor?" bedient.

Das ist beachtlich. Erstmals hat eine staatliche Stelle die Existenz des Grants offiziell zugegeben – und sie gleichsam zur Touristenattraktion erklärt. Das beweist wahre Größe und zudem ein Quantum Humor. In meinem Stammcafé, dem „Schwarzenberg" – dem ältesten Ringstraßen-Kaffeehaus, das sich von 1939 bis 1945 in vorauseilendem Gehorsam in „Café Deutschland" umbenannte –, werde ich denn auch als „Herr Chefredakteur" begrüßt. Dieser durch und durch unverdienten Ehre nicht umgehend zu widersprechen, würde in der Schweiz als ungeheure Anmaßung empfunden. Hier nimmt man die Huldigung mit selbstverständlicher Gelassenheit entgegen und quittiert sie, wie von der Tourismuswerbung dringend empfohlen, mit einem großzügig überhöhten Trinkgeld. Womit man sich wiederum die höfliche Frage nach dem Wohlbefinden „der beiden noblen Königspudel" (und nicht etwa der Gattin) einhandelt. Auch diese Aufmerksamkeit wird vom Gast mit einem artigen Lächeln quittiert. Für Wien gilt, mehr noch als anderswo: Wie man in den Wald hineinruft, so tönt es heraus. Wer in jahrzehntelanger Praxis gelernt hat, so auf die Wiener zuzugehen, wie sie es am liebsten haben möchten, wird von ihnen nicht nur höflich und entgegenkommend, sondern geradezu charmant behandelt. Das gilt für Kellner, Polizisten und andere Staatsbeamte.

GRANTIGE GRANDEN – GRANDIOSE GRANDEZZA

Die Österreicher haben vieles erfunden: den Wiener Walzer, die Sachertorte, den Heurigen und sogar die Nähmaschine. Nur das eine nicht: die gute Laune. Dem Walzer zum Trotz. Liegt es an der Ernährung oder an der Witterung? – Jedenfalls erhärtet sich empirisch stets aufs Neue, dass mir der Italiener und vor allem die Italienerin mit einer zutiefst von Herzen kommenden Freundlichkeit zulächelt, während der Durchschnittswiener mir, mit einer vermutlich vom Magen oder benachbarten, mit der Verarbeitung des jeweiligen Schweines überbeschäftigten Verdauungsregionen kommenden Grantigkeit begegnet, die sich in feindseligem Anstarren oder chronisch heruntergezogenen Mundwinkeln manifestiert. Diese Hypothese wäre allerdings noch wissenschaftlich zu erhärten. Klar ist jedenfalls: Anstarren gilt in allen anderen Kulturen als Provokation oder zumindest als Akt extremer Unhöflichkeit. In Wien ist es die Norm.

Neun unverzagte Journalismus-Studenten der Universität Oregon wollten vor einigen Jahren der Sache empirisch (aber eher spontan) auf den Grund gehen. Sie streiften durch die Stadt und lächelten konsequent jedem Wiener, der ihnen begegneten, ins Gesicht. Natürlich ernteten sie damit in der Regel keine freundlichen Reaktionen, sondern noch grimmigere Mienen. Sie befragten ihr Gegenüber, weshalb es nicht zurücklächle. Dies waren die Antworten: Lächeln werde wie ein persönlicher Angriff empfunden. Die Leute hätten es einfach eilig. Die Berliner Taxifahrer seien noch unfreundlicher. Wenn sie groß und blond sei und eine gute Figur habe, könnte man sie durchaus anlächeln. Und: Wenn Leute auf der Straße gingen und immerzu lächelten, seien es entweder Betrunkene, Bettler, Drogenabhängige oder Ausländer. Aber die wahren Wurzeln des Wiener Grants konnten auch die Forscher aus dem fernen Oregon nicht ergründen.

Die gedeihlichsten Biotope für den Wiener Grant sind, wie man sich denken kann, Straßen- und U-Bahn, aber in einer besonders edlen Form findet man ihn auch bei den blondierten Friseusen, die durch gute Heirat einen steilen sozialen Aufstieg hingelegt haben und sich jetzt an der Seite eines wohlbestallten reichen älteren Semesters bei Mozart im Musikverein oder mit Strauß am prachtvollen Opernball fadisieren. Der Grant ist hierzulande so ausgeprägt und landestypisch, dass er geradezu kultiviert wird. Er ist eine Wiener (und notabene auch Münchner) Spezialität, eine stadtbekannte Sehenswürdigkeit, die Touristenattraktion für Kenner, die in Wien nicht das Klischee vom Wiener Charme, sondern, wesentlich realitätsnäher, den herben Reiz des Wiener Grants erleben wollen: Dieser ist vom Kellner der Nobelkaffeehäuser auf den Touristenrouten zum Preis einer Melange oder auch nur eines Kleinen Braunen jederzeit käuflich zu erwerben.

Bestimmt hatte Georg Kreisler – selbst ein genialer Grantler – den unausrottbaren Grant vor Augen, als er eines seiner allerbösesten Lieder schrieb: „Wie schön wäre Wien ohne Wiener! So schön wie a schlafende Frau. Der Stadtpark wär sicher viel grüner und die Donau wär endlich so blau! In Grinzing endlich Ruh und's Burgtheater zu. Es wär herrlich, wie schön Wien dann wär! Und wer durch dieses Paradies muss, findet später als Legat – statt des Antisemitismus nur ein Antiquariat!"

Den wahrhaft grandiosesten Grant erlebte ich kürzlich in der Hofburg, wo mir anlässlich des Besuches des neuen Schweizer Bundespräsidenten Berset die österreichische Botschafterin in Bern über den Weg lief (der ich einst als grantige Kabinettschefin des Kanzlers Schüssel und als Außenministerin einschlägig begegnet war). Als ich sie höflich und ganz beiläufig fragte, wie man ebenso belanglos fragt, wenn man nur nett sein möchte, wie lange sie denn noch in Bern bleiben werde, fauchte sie mich grantig an: „Wollen Sie damit sagen, dass Sie mich loswerden wollen, Herr Ritterband?" Und fügte belehrend hinzu: „Sie sollten doch ganz genau wissen, dass ein Botschafter länger als ein Jahr auf einem Posten bleibt!" Die Dame ist übrigens keine Wienerin, sie wurde in Klagenfurt geboren. Aber das bewahrt offenbar auch nicht vor dem allgegenwärtigen Grant.

Wer dem Grant huldigt, ist ein „Grantler" oder, wie man ihn im Wiener Dialekt nennt, ein „Grantscherben", den das „Österreichische Wörterbuch" als „verdrossenen Menschen" definiert. Übellaunigkeit als existenzielle Maxime: Während naive Schweizer Besucher immer noch hilflos durch die Wiener Innenstadt irren, auf der Suche nach dem im Reiseführer versprochenen Wiener Charme, und Chinesen unbeirrbar lächelnd und sinnlos gestikulierend ihre obligaten Selfies zum unverhohlenen Unmut aller Kellner schießen, wissen kultivierte Wien-Habitués schon mehr und decken sich mit Hans-Moser-DVDs ein. Denn der Volksschauspieler ging als der personifizierte Wiener Grant in die Filmgeschichte ein – ebenso wie Louis de Funès als der Inbegriff des französischen Grantlers.

Der übellaunig-maliziöse Louis de Funès war Sohn spanischer Einwanderer. Und aus Spanien könnte auch der

Begriff „Grant" stammen. Zwar führen die einen „granteln" etymologisch auf das althochdeutsche „grinan" bzw. das mittelhochdeutsche „grinen" (murren, knurren, den Mund verziehen) zurück – das als „greinen" (leise vor sich hinweinen, klagen, jammern) weiterexistiert. Das Adjektiv „grantig" ist, laut dem „Deutschen Wörterbuch" von Jacob und Wilhelm Grimm seit dem 16. Jahrhundert belegbar. Aber die viel hübschere Erklärung bringt den Grant in die Nähe der spanischen „Granden". Während heutzutage österreichische Qualitätsmedien immer noch von den „roten Granden" oder andernfalls den „ÖVP-Granden" sprechen, dürften die eigentlichen, nämlich die spanischen Granden in Wien bei Hof ein- und ausgegangen sein, während die Habsburger als Bewunderer des strengen spanischen Vorbilds das rigoros-konservative „Spanische Hofzeremoniell" einführten (das der Ochs von Lerchenau im „Rosenkavalier" verächtlich als „Spanische Tuerei" bezeichnet).

Der Habsburger Philipp I. (1478–1506), zu Recht genannt „der Schöne" – Felipe I. de Austria el Hermoso –, wurde „par la grace de Dieu" König von Kastilien, León und Granada (nebenbei war er auch noch österreichischer Erzherzog) und ward so zum Stammvater der spanischen Könige. Philipp wurde von einem Großteil der Granden, des kastilischen Hochadels, als Regent favorisiert. Der Tod des wegen dynastischer Inzucht schon ziemlich degenerierten Karl II. im Jahr 1679 beendete das lange Kapitel der spanischen Herrscher aus dem Haus Habsburg. Doch im Verlauf dieser zwei Jahrhunderte müssen die kastilischen Granden am Hof der Residenzstadt Wien häufig ein- und ausgegangen sein. Dass sie ständig über vieles – das Wetter, die lockeren Sitten, die kulinarischen Gepflogenheiten – die Nase rümpften, kann man sich lebhaft vorstellen. Das waren, um den historischen Faden weiterzuspinnen, die Anfänge des Wiener Grants: die übellaunigen Granden. Gleichzeitig begründeten die Granden mit ihrem übertriebenen Getue und ihren prunkvollen Gewändern ein anderes Phänomen: Grandezza.

Den sinnlich-lebenslustigen Wienern des Barock gingen chronische Übellaunigkeit, Steifheit und Sittenstrenge der aufgeblasenen spanischen Fremdlinge, der Granden, offenbar gründlich auf die Nerven. Was Wunder, dass die Granden bald zum Inbegriff der Grantler wurden und das Adjektiv „grantig" sowie das Verb „granteln" auf den Wiener Alltag übergriff. Das „Granteln", also der Übellaunigkeit freien Lauf lassen, findet sich laut Duden übrigens nicht nur bei Wienern und Bayern, sondern auch im Tierreich, bei den Schweinen – auch sie „granteln", indem sie „dunkle, raue, kehlige Laute ausstoßen" (grunzen).

Die wienerische Griesgrämigkeit, die permanente Misslaunigkeit und Verstimmung überwindet alle Klassenschranken. Heruntergezogene Mundwinkel, unprovoziert böse Blicke in Arbeitervierteln in der U-Bahn und, völlig identisch, am Premierenabend in der Staatsoper oder in der Pause im Musikverein. Grantig, böse. Kein Lächeln, keine Freundlichkeit. Allgemeine und ständige Verbitterung. Worüber? Weshalb? Schlecht geht es den Österreichern nicht, und schon gar nicht den Wienern. Sie leben in der Stadt mit der höchsten Lebensqualität der Welt, mit dem dichtesten Kulturangebot der Welt, atmen die sauberste Luft und trinken das frischeste Trinkwasser sämtlicher Großstädte, erfreuen sich zu sehr bescheidenen Preisen einer perfekt funktionierenden Infrastruktur –

vom öffentlichen Verkehr über Fahrradwege, Müllabfuhr hin zu Schulen, Kinderspielplätzen, Parkanlagen bis zu den zahlreichen ausgezeichneten Spitälern und Kliniken. Wozu also die heruntergezogenen Mundwinkel? Was soll all der Grant?

Unfreundlichkeit grassiert in vielen Hauptstädten der Welt. New York ist berüchtigt, Madrid ebenfalls und Paris ganz besonders. Dort hatte ich in der Metro ein kleines Erlebnis, das mir bezeichnend schien für die Seine-Stadt: Eine sehr elegante Dame regte sich an der Sperre der Metro fürchterlich auf, weil es ihr offenbar nicht schnell genug ging. Vor ihr eine andere Dame, mit einer Behinderung, die alle anderen behinderte. Die elegante Dame zur behinderten Dame: „Vous êtes conne" (Etwa: Sie sind eine dumme Ziege). Fügte aber hinzu, da sie schließlich in Paris und eine vornehme Dame war: „Madame." – Also: „Sie sind eine dumme Ziege, Madame." In Wien würde einem das in dieser Eleganz nicht passieren. Da heißt es schlicht: „Oaschloch". Ohne „Monsieur" und „Madame". So geschehen in der eleganten Konditorei Sluka am Wiener Rathausplatz, etwa gleich weit von Parlament und Rathaus entfernt, also Treffpunkt von allerlei Politikern.

Die Kuchen und Patisserien dort sind vorzüglich – vielleicht gar die besten in ganz Wien. Daher bilden sich am Samstag vor der Kasse lange Schlangen von Leuten, die sich fürs Wochenende mit Leckerbissen eindecken – zum Mitbringen oder für den Nachmittagskaffee. Eines Samstags ereignete sich folgende Episode: Da stand diszipliniert ein bekannter Ex-Politiker in der Schlange – es war der frühere Bundeskanzler Wolfgang Schüssel, von den einen immer noch als einer der fähigsten Politiker der Geschichte der Nation verehrt, bei den anderen allerdings eher ver-

hasst. So auch an jenem Samstag im Kaffee Sluka: Irgend-
ein Gast sichtete Schüssel – und rief quer durchs Lokal,
sodass jeder es hören musste: „Bist imma no da, du O …?!
Schleich di!" Und das Lokal brach – statt in Empörung –
in spontanen Applaus aus.

DEMELINERINNEN UND LAKAIEN

Aber nicht nur der Grant geht auf die Granden zurück
– auch die Grandezza, die steife Würde, das hoheitsvol-
le Benehmen jener spanischen Adeligen. Und diese findet
sich in Wien auf Schritt und Tritt, in den Bauten der Ringstraße, im prunkvollen, mit Kunstwerken über und über
geschmückten Treppenhaus des Burgtheaters, im Goldenen Saal des Musikvereins, in der Staatsoper sowie im
Kunsthistorischen Museum. Grandezza ist der Blick über
den prachtvollen Graben hin zum Stephansdom. Und,
gleich um die Ecke, ganz besonders in der traditionsreichen Konditorei des „k. u. k. Hofzuckerbäckers Demel",
von wo „Sisi", die Kaiserin Elisabeth, ihre geliebten Veil-
chen-Sorbets kommen ließ, wo man noch heute unver-
gleichliche Köstlichkeiten genießen und die spektakulären,
jeweils aktuell der Saison angepassten Zuckerskulpturen
in den Schaufenstern bewundern kann – und wo die legendären, schlicht schwarz gekleideten „Demelinerinnen"
den Gast immer noch respektvoll im altertümlichen „De-
mel-Deutsch" in der dritten Person Plural („Haben schon
gewählt?", „Wünschen zu speisen?") ansprechen. Das alles
ist Wiener Grandezza.

   Auch die „Bedienerin" meiner Großmutter, die alte
„Frau Resi", sprach zu meiner Oma grundsätzlich nur in

der dritten Person Plural: „Gnä' Frau ham' g'sagt …" Die „Frau Resi" – an sie muss ich immer denken, wenn Marie Therese, die Marschallin aus dem „Rosenkavalier", im ersten Akt über die vergehende Zeit und das Altern sinniert („siehgst es, da geht's, die alte Fürstin Resi").

Die „Frau Resi", schon hochbetagt, ließ es sich denn auch nicht nehmen, zur Beisetzung meiner Großmutter, der von ihr so verehrten „Gnä' Frau", am Zentralfriedhof zu erscheinen. Und mein etwa gleichaltriger, aber in Wien geborener Cousin richtete seine Geburtstagspost an meine Großmutter, seine Großtante, an „Hochwohlgeboren Martha Ascher" – was dem Postboten nicht im Geringsten aufgefallen ist, mich hingegen, aus der prosaisch-republikanischen Schweiz, wo nicht einmal daran zu denken wäre, dass irgendjemand „hochwohlgeboren" sein könnte, grenzenlos amüsierte.

Diese Relikte monarchistisch-klassenbezogener Sprachusancen faszinierten mich, der ich aus der urdemokratisch-egalitären Schweiz für jeweils zwei Urlaubswochen in die Grandezza-Metropole an der Donau angereist kam, aufs Köstlichste. Und zu den unabänderlichen Ritualen dieser Wienbesuche gehörten, neben den kulturbewussten Theater- und Opernabenden und dem Nachmittag im damals noch romantisch vergammelten und noch nicht Hightech-verschandelten „Wurstelprater" auch ein Besuch beim „Demel". Damals „jausnete" man allerdings noch im stilvoll-eleganten Rokoko-Salon im Parterre, der heute zum Verkaufslokal, stets mit Touristen überfüllt, degradiert wurde: Tempi passati.

Apropos „Demel": Wie vom Burgtheater, führte auch vom „Demel" ein unterirdischer, ausschließlich dem – stets Anschläge auf sein Leben fürchtenden – Kaiser vorbehaltener Geheimgang direkt in die nahe Hofburg. Und während der berüchtigte Wiener NS-Gauleiter Baldur von Schirach mit seiner Gattin im Gastraum saß, Torten verspeiste und die Konditorei „Demel" unter seinen „persönlichen Schutz" mit entsprechenden Privilegien stellte, versorgten die Demelinerinnen in einem Gang zwischen Küche und Toilette politisch Verfolgte, sogenannte U-Boote, die hier Unterschlupf gefunden hatten, mit Essen. Auch verbotene Radiosender wie die BBC sollen hier, hinter den prunkvollen Kulissen der kaiserlichen Konditorei, gehört worden sein. Auch das ist Grandezza.

Die Grandezza der Donaumetropole hat eine wohlbekannte Ursache: Der „Wasserkopf Wien" ist der weit überdimensionierte Rest des einst riesigen, im Ersten Weltkrieg untergegangenen Reiches. Die österreichisch-ungarische „Donaumonarchie" hatte 51 Millionen Einwohner und 676 000 Quadratkilometer umfasst – und war nach 1918 dramatisch auf 6,5 Millionen Einwohner und 83 879 Quadratkilometer geschrumpft. Der Politiker Georges Clemenceau brachte dies 1919 auf die Formel: „Österreich – das ist der Rest." Die Bauten der Ringstraße und die Paläste der Aristokraten, der Fabrikanten und des Kaiserhauses sind die steinernen Zeugnisse einstiger Macht und Größe, sie sind prunkvoll und von hemmungsloser Prachtentfaltung.

Dass Wien wieder über ein schier unerschöpfliches Kulturleben verfügt, mehrere Opernhäuser besitzt, das weltweit größte deutschsprachige Theater, zwei wunderbare, wenige Gehminuten voneinander entfernte Konzerthäuser mit jeweils einer Zahl von Konzertsälen, viele großartige Museen, eine traditionsreiche Universität und die größte Wirtschaftsuniversität Europas in einem architektonisch aufsehenerregenden Campus ist Teil dieser Grandezza.

Grandezza – das sind auch jene ganz besonderen Leckerbissen, in deren Genuss ich in Wien gekommen bin: elegante Abendessen in Privathäusern, kombiniert mit erstklassigen Kammermusikkonzerten oder literarischen Lesungen. Das ist Hochkultur.

OPERNPINGUINE — UHBPINGUIN — BAUMEISTER L. MIT BEGL.

KANZLER BASTI & BASTIENNE — MÖÖÖPE-DESIGNER — SCHLAGENDE FPÖ-PINGUINBURSCHEN — SONSTIGE V.i.-Pinguine

Pinguinball again!

Alljährlicher glanzvoller Höhepunkt der Wiener Grandezza, an dem die Republik sich Jahr für Jahr für eine Nacht als Monarchie inszeniert, ist der Opernball. Die Damen erhalten Gelegenheit, ihre aufwendigsten Roben zu präsentieren, während die Herren zwar einheitlich in Frack oder Uniform zu erscheinen haben – doch auf diesen Fräcken und Uniformen funkeln in Gold, Silber und Rubinrot unzählige Orden. Genau 1029 Stück verlieh die Republik im Jahr 2017 ihren treuesten Dienern und macht Menschen stolz und glücklich. Der Anlass erinnert an die sprühendste aller Operetten, „Die Fledermaus", in der im Rausch der Ballnacht das Stubenmädchen Adele zur „Künstlerin" Olga avanciert, Gabriel von Eisenstein als „Marquis Renard" auftritt und Gefängnisdirektor Frank als „Chevalier Chagrin" eingeführt wird. Zum Opernball, diesem mit allergrößtem Aufwand zelebrierten „gesellschaftlichen Höhepunkt des Jahres", fällt mir in erster Linie Gustav Mahlers scharfsinnige Sentenz ein: „In Österreich wird jeder das, was er nicht ist."

Bei einer der Generalproben zum Opernball, die ich regelmäßig frequentierte, da man Staatsopernsängern bei dieser Gelegenheit nahekam wie sonst nie, erlebte ich unter anderen Weltstars auch Anna Netrebko. Der langjährige Staatsoperndirektor Ioan Holender führte bei dieser Generalprobe eine Art Regie und instruierte die Kleinsten unter den Ballett-Elevinnen, dass sie unmittelbar nach dem Auftritt der Netrebko aufzutreten hätten, und sagte den Kindern mit seinem unverkennbar rumänischen Akzent: „Sobald die Tante zu singen aufhört, kommt euer Auftritt." Der „Tante" begegnete ich unmittelbar, nachdem der Opernball (mitsamt rechtzeitig auftretenden Ballettmädchen) wie immer reibungslos über die Bühne gegangen war.

Ich reiste in der „Emirates" Businessclass nach Dubai. Mein Sitzplatz befand sich neben einer nicht sehr vorteilhaft gekleideten Dame mit eher uneleganten Manieren. Ich beschloss sogleich, mich von ihr abzuwenden – und erst bei der Ankunft in Dubai stellte ich fest, dass ich während Stunden neben Anna Netrebko gesessen hatte, ohne

40

die zweifellos berühmteste Operndiva der Welt erkannt zu haben. Und ohne die Gelegenheit zu nutzen, mich mit ihr über die von mir so geliebte Opernwelt zu unterhalten. Immerhin wurde ich für diese peinliche, ja geradezu unverzeihliche Unterlassung durch eine kleine Begebenheit gewissermaßen entschädigt, die mir ein befreundeter Staatsopernsänger – der wie auch Netrebko mit dem Titel „Kammersänger" geehrt wurde – anvertraute: Er stand mit der großen Netrebko auf der Bühne dieses Opernhauses – in welcher Oper auch immer. Deren Szenario sah jedenfalls an dieser bestimmten Stelle einen Kuss zwischen Bariton und Sopran vor. Da soll ihm die Netrebko ins Ohr gehaucht haben: You may *really* kiss me (Du darfst mich *wirklich* küssen). Ob mein Freund diese einzigartige Gelegenheit vollumfänglich wahrgenommen hat, entzieht sich allerdings meiner genaueren Kenntnis.

Als ich 2001 nach Wien kam, rollte eine umfassende, faszinierende Ausbau- und Renovierungswelle an: vom Museumsquartier zur Albertina mit ihren Kunstausstellungen von Weltrang über das neue, hervorragende „Weltmuseum" hin zur gläsernen „Unterwelt" im historischen „goldenen" Musikverein – bis zum atemberaubend prachtvollen Stadtpalais Liechtenstein und dem Gartenpalais Liechtenstein. Bei der Renovierung dieses barocken Palastes geschah etwas Denkwürdiges: Über der prunkvollen Treppe, die in den ersten Stock mit dem gewaltigen Herkulessaal führt, gab es ein Deckengemälde, das auf einer Leinwand aufgemalt war. Nun hatte sich aber in Jahrzehnten literweise Regenwasser zwischen Decke und Leinwand angesammelt und man war ratlos, wie dieses beseitigt werden könne. So wurde zu einer denkbar unkon-

ventionellen Maßnahme gegriffen: Mit einer Flinte schoss
der Restaurator auf das Gemälde, das Regenwasser ström-
te herunter auf die Treppe – die Leinwand konnte nach
der Trocknung restauriert werden und erstrahlt heute in
neuem Glanz. Kaum ein Besucher weiß jedoch, wie es so
weit kam.

Das vielleicht skurrilste Beispiel imperialer Grandezza
ist der sogenannte Hofpavillon in Hietzing, gegenüber
von Schloss Schönbrunn: Der berühmteste aller Jugend-
stil-Architekten, Otto Wagner, errichtete hier zur Eröffnung der ersten Stadtbahnlinie durch Kaiser Franz Joseph I. im Jahr 1898 die prunkvollste aller Stationen – sie
war ausschließlich dem Monarchen und dessen Gefolge
vorbehalten. Nun fährt ein Kaiser eher Kutsche und nicht
Stadtbahn, deshalb wurde diese aufwendige Stadtbahn-
station in über hundert Jahren vom Monarchen genau
zweimal für offizielle Zwecke benutzt – 1899 und 1902 –
und stand sonst leer.

Ein anderes Beispiel von Grandezza ereignete sich im
Jahr 1883, als, hergestellt von der auch heute noch in diesem Sektor führenden Firma Lobmeyr, die Lampen auf
der „Internationalen Elektrischen Ausstellung" auf dem
Gelände um die Rotunde im Wiener Prater die ersten elek-
trisch betriebene Luster der Welt aufflammten. Die Aus-
stellung war ein Wendepunkt in der Anwendung von Elek-
trotechnik für den öffentlichen Gebrauch in Österreich.
Thomas Edison hatte bei der Entwicklung des elektrischen
Kristalllusters mitgewirkt – bestimmt war dieser für die
Hofburg: Dem Kaiser, Franz Joseph I., war die Gasbe-
leuchtung nicht geheuer, deshalb entschied er sich für das
Wagnis der Elektrizität und gab diesen ersten elektrischen
Kristallluster persönlich in Auftrag.

Zur österreichischen Grandezza gehört ganz wesentlich auch der Adel. Selbst der Neo-Adel. Kaiser Franz Joseph I. war bekannt dafür, dass er gerne hochgestellte Bürgerliche, beispielsweise bedeutende Geschäftsleute, in den Adelsstand erhob. Kaum habe Seine Majestät jemanden gesehen, habe er diesen auch schon geadelt, spottete der Volksmund. Offiziere und Beamte, die vom Monarchen in den Adelsstand erhoben wurden, hatten offenbar das Privileg, einen neuen, möglichst edel klingenden Namen zu erfinden. Was dabei herauskam, war durchaus originell und mitunter auch ziemlich skurril: Kauz von Tannenried, Kratochwil von Löwenfeld, Schaedel von Eulenhaupt, Wurzel von Hohentann, Donner von Blitzbergen, Pauspertl von Drachenthal, Rosenzweig von Powacht, Hannbeck von Hannwehr, Klemm von Klemmenhorst und selbst Loy von Leichenfeld – was dann doch eher makaber klang.

Auch das Wiener Schnitzel verkörpert Grandezza: Die knusprige Panier soll auf den mittelalterlichen Brauch zurückgehen, Speisen mit Blattgold zu überziehen. Dieser Luxus, mit dem die Snobs ihren Reichtum zur Schau stellten, stammte aus Byzanz und erreichte über die Lombardei Wien. Gewitzte Köche fanden alsbald einen kostengünstigen Ersatz – sie begannen die Schnitzel zu panieren. So schwebt über jedem goldgelben Wiener Schnitzel noch heute ein Hauch von Grandezza.

Der Politologe Anton Pelinka stellt in seinem 1990 erschienen Buch die Frage, weshalb die Schweiz (trotz ihrer geografischen Nähe, vergleichbarer Bevölkerungsgröße, alpinem Charakter und beiden Staaten gemeinsamem Bekenntnis zur Neutralität) kaum als Modell diene. Seine Antwort: Die Schweiz sei „so wenig spektakulär", sie habe keine „starken Männer" (hinzuzufügen wäre: wie Kreisky, Schüssel und jetzt Kurz), ihre Demokratie sei durch eine kollektive Führung gekennzeichnet. In der Schweiz fehle das Element der Abstiegsängste und der nostalgischen Sehnsüchte – die Amtssitze der Schweizer Politiker befänden sich nicht in Schlössern und Palästen, das politische Zeremoniell der Eidgenossenschaft sei möglicherweise das sparsamste Europas: Die Schweiz sei „politisch bescheiden".

Laut einer Umfrage 1996 halten noch immer sechs Prozent der Österreicher die Zeit der Monarchie für „eine glorreiche" und weitere 38 Prozent „eine gute Zeit" – nur 21 Prozent meinten, es sei eine „eher schlechte" und bloß sechs Prozent es eine „düstere Zeit" gewesen. Sollte das überstrapazierte Diktum, Österreich blicke voll Zuversicht auf seine Vergangenheit, tatsächlich seine Berechtigung haben?

Monarchie-Nostalgie ist tief in den Österreichern verankert. So nennen die Boulevardblätter einen Politiker, der in Meinungsumfragen Höchstwerte verzeichnet, hemmungslos einen „Umfrage-Kaiser", die Amtseinsetzung des neuen Bundeskanzlers wird in der Zeitung „Österreich" aufgeregt mit der jubelnden Titel-Schlagzeile „Kurz vor der Kanzler-Krönung" angekündigt, abgebildet ist der junge Mann mit einer funkelnden Kaiserkrone auf dem Haupt und verspottete den amtierenden Kanzler als überempfindliche „Prinzessin Kern". Nach der Kärntner Landtagswahl lieferte die „Kronen Zeitung" die Schlagzeile „Kaiser ist der rote Landeskaiser". Die Fernsehserie „Wir sind Kaiser" mit den glanzvoll-satirischen Audienzen bei Seiner Hoheit Robert Heinrich I. hat Rekord-Einschaltquoten von weit über einer halben Million. Die Sehnsucht nach der Monarchie, nach dem „alten Kaiser" und der „schönen Sisi" ist groß – und tröstet über den mitunter allzu nassgrauen Wiener Alltag hinweg. Dass der gute alte Kaiser seine Unterschrift zu einem Völkermorden mit Millionen Toten gegeben hatte und dass die vermutlich magersüchtige Kaiserin Sisi ihr Glück anderswo in Liebesaffären suchte, stört die allerwenigsten.

Auf Schritt und Tritt stößt man in Wien (aber auch in anderen österreichischen Städten) auf Spuren der Monarchie: Der kaiserliche Doppeladler prangt über den Bühnen manch großer Theater und sogar auf Gerichtsgebäuden. Auf der Menükarte des Restaurants an einem der Eingänge zum Schönbrunner Tiergarten figuriert auch ein Hamburger, der im Genius Loci „Habsburger" heißt und ausschließlich aus blaublütigen Rindern hergestellt wird. Schon dass man sich in Österreich mit „Servus" zu begrüßen pflegt, kommt mir vor wie ein Reflex aus monarchischen Urtiefen: „Servus" ist ja eine Kurzformel, die ein Unterwerfungsritual andeutet: „Ich bin Ihr Sklave." Früher sagte man „g'schamster Diener". Keinem Schweizer würde es im Traum einfallen, sich dem Gegenüber erst einmal symbolisch zu unterwerfen. Die Schweizer sind, solange es nicht ums Geld geht, grundsätzlich egalitär getrimmt.

Die geheime Hochburg aller Monarchie-Nostalgiker ist aber nicht die Hofburg, sondern die „Kaffee Konditorei Monarchie" – ganz und gar nicht wie das „Demel" im Schatten der kaiserlichen Hofburg, sondern nah beim eher proletarischen Gürtel. Das „Kaffee Monarchie", elegant und stets voll besetzt, bedient von ganz und gar nicht grantigen, sondern, ganz im Gegenteil, sehr charmanten Kellnerinnen, liegt in der Nussdorfer Straße, am Rande des neunten Bezirks. Gütig blickt der alte Kaiser in unzähligen künstlerischen Varianten, in Öl, auf Stichen, als Büste und Statuette, auf die Kaffeetassen der Gäste herab, sekundiert von weißen Engerln und Johann Strauß. Da der Kaiser dem Kriegshandwerk besonders zugetan war, darf auch dieses nicht fehlen: Auf einem Gemälde humpeln Kriegsinvalide quer über den Stephansplatz und auf einem Regal steht das Modell einer Artilleriekanone aus dem Ersten Weltkrieg. Eine derart geballte Ladung an Monarchie-Verehrung findet man selbst im monarchieverliebten Wien sonst nirgendwo.

Das Staatsoberhaupt der Republik residiert wie einst der Monarch in der kaiserlichen Hofburg – und empfängt am Staatsfeiertag seine dankbaren Untertanen, die dafür geduldig stundenlanges Schlangenstehen in Kauf nehmen, mit einem persönlichen Händedruck. Als ich kürzlich aus Anlass eines schweizerischen Staatsbesuches in der Hofburg beim Bundespräsidenten war, entdeckte ich eine kleine Tür mit einer denkwürdigen Aufschrift: „Lakaienstiege". Aha, dachte ich mir: Es gibt also in Österreich nicht nur Untertanen und Hofräte, obwohl es doch eigentlich keinen Hof mehr gibt, den man beraten könnte, sondern immer noch einen Eingang für „Lakaien". Diese sind zwar heutzutage in der Hofburg schwer zu finden, bei der Eröffnung des Opernballs allerdings tauchen sie munter und quicklebendig wieder auf – wie leibhaftige Anachronismen. Ihnen kommt jeweils die ehrenvolle Aufgabe zu, die Kordel zu halten, welche die befrackten Besucher von den „Debütanten" und „Debütantinnen" sowie dem Ballett und den Opernsängern trennen. Diese falschen Lakaien tragen authentische goldbetresste Uniformen – die allerdings nicht aus dem kaiserlichen Palast, sondern aus dem Kostümfundus der Staatsoper stammen, wo sie insbesondere beim „Rosenkavalier" zum Einsatz kommen – der übrigens an der Staatsoper nicht weniger als 999 Mal aufgeführt wurde. Auch das ist Grandezza.

Auf einem anderen Blatt steht, dass das sicherlich bekannteste Musikstück des „Rosenkavaliers", jener wunderbar anachronistische Walzer, zwar sehr wohl von Strauss stammt, aber von einem ganz anderen, der mit Richard Strauss weder verwandt noch verschwägert war: vom Wiener Josef Strauß und nicht vom Münchner Richard Strauss, der die markanten Anfangstakte des „Dynamiden-Walzers" seinem Kollegen ganz einfach geklaut– und damit weltberühmt gemacht hat.

Nicht nur die Grandezza, auch der Grant scheint, wie so vieles hier, auf die Monarchie und deren soziale Schichtung zurückzugehen. Beim Filmdarsteller Hans Moser, dem obersten Grantler der Nation, ist letzlich der vorgeschobene Grant die Waffe des Underdog, das Aufbegehren des ewigen Untertanen gegen den hierarchisch Übergeordneten, die Doppelzüngigkeit des servil-beflissenen „Dienstmanns" mit seinem „g'schamster Diener" und den sodann hinter dem Rücken des Betreffenden gemurmelten Verwünschungen. Die aus der Ohnmacht kommende Frustration macht sich dann mit einem aufbrausend sanguinischen Temperament Luft – und wenn sich das Gewitter verzogen hat (und das Kotelett verdaut ist), glänzt wie eh und je das legendäre „goldene Wiener Herz".

Das, wie wir ahnen, höchstens vergoldet ist, denn im Wiener Herz tun sich mitunter schwindelerregende Abgründe auf. „Wir ham' schließlich kan Charakter, doch wir ham a gold'nes Herz" singt Hermann Leopoldi, nach bitteren Erfahrungen in KZ und Emigration, in seiner Wienerliedparodie „An der schönen roten Donau". Der Schriftsteller Carl Zuckmayer beschrieb den „Anschluss" Österreichs an Nazideutschland am 11. März 1938 aus eigener Anschauung als „Alptraumgemälde des Hieronymus Bosch". In seinen Erinnerungen schilderte er in grandioser Prosa das Geschehen, dessen Augenzeuge er wurde: „An diesem Abend brach die Hölle los. Die Unterwelt hatte ihre Pforten aufgetan und ihre niedrigsten, scheußlichsten, unreinsten Geister losgelassen." „Ich erlebte die ersten Tage der Naziherrschaft in Berlin. Nichts davon war mit diesen Tagen in Wien zu vergleichen. Was hier entfesselt wurde, war der Aufstand des Neids, der Missgunst, der Verbitterung, der blinden böswilligen Rachsucht und alle anderen Stimmen waren zum Schweigen verurteilt", schrieb der Zeitzeuge Zuckmayer.

Der Enthusiasmus der Wiener war so groß, dass selbst die deutschen Herren den wilden Raubzügen in jüdischen Wohnungen oder Geschäften Einhalt gebieten und die Enteignung der Wiener Juden in geordnete Bahnen lenken mussten – damit „das Reich" nicht zu kurz kam. So weit das „goldene Wiener Herz". Der fiktive „Herr Karl" Helmut Qualtingers schildert seine Sicht jener Ereignisse: „Mir san alle am Heldenplatz g'standen, unübersehbar war'n wir, man hat gefühlt, man ist unter sich ... es war wia a riesiger Heuriger!"

Der Journalist und Herausgeber Armin Thurnher nennt sein Land „eine Idylle aus gemütlicher Ungemütlichkeit". Das trifft's. Österreich besteht demnach aus drei Elementen: der Idylle, der sprichwörtlichen Gemütlichkeit und einer abgrundtiefen Ungemütlichkeit. Meiner englischen Partnerin versuchte ich den Begriff „gemütlich" zu übersetzen. Geht nicht. „Cosy" geht an der Sache deutlich vorbei. Um das Wort „gemütlich" in seiner ganzen Tragweite zu verstehen, muss man im deutschen Sprachraum aufgewachsen sein – oder als Tourist in einem Tiroler Gasthaus einkehren. Qualtingers „Herr Karl" ist der Inbegriff des österreichischen „Gemütsmenschen" und damit die Antithese zum österreichischen Grantler. „Gemütsmensch", schreibt Thurnher, der mit seinem Land kaum weniger ungnädig verfährt als Thomas Bernhard, „nennt man hier jemanden, der entspannt zusieht, wie seine Frau ertrinkt, oder der seine Kinder im Keller einmauert." Man muss ihn sich wohl bei einem Schnapserl oder einem Gespritzten beim Heurigen vorstellen.

VOM „STILLSTAND IM DREIVIERTEL-TAKT" ZUR „SUPERKOMBI"

1938 – das war vor acht Jahrzehnten. 2018 ist ein doppeltes Gedenkjahr: ein Jahrhundert seit dem Ende des Ersten Weltkriegs und der Habsburgermonarchie, hundert Jahre seit der Ausrufung der Republik – und 80 Jahre seit dem „Anschluss" an das „Großdeutsche Reich" und der Machtübernahme der Nationalsozialisten in Österreich. Es ist eine ominöse Wendung, dass just dieses doppelte Gedenkjahr mit einer Regierungspartei eingeläutet wird, deren Vorgängerpartei VdU ihre Wurzeln tief im Nationalsozialismus hat. Es ist absurd, dass das Jubiläum der Republiksgründung, der Entstehung also des modernen Österreich, mit der Regierungsbeteiligung einer Partei beginnt, deren burschenschaftliche Basis sich nach wie vor zum Anachronismus des „deutschen Vaterlands" bekennt. Die Wiener

Verbindung „Albania" kann im wahrsten Sinne des Wortes ein Lied davon singen: „Du sollst das Blut nicht scheuen fürs deutsche Vaterland" heißt es darin. Acht Jahrzehnte nach dem „Anschluss" an Nazideutschland und 73 Jahre nach der Befreiung von der NS-Diktatur spuken in eben diesen deutschnationalen Burschenschaften immer noch krude antisemitische Fantasien herum.

Burschenschafterball: Es wird wieder gesungen!

Dass Heinz-Christian Strache der Öffentlichkeit weismachen will, zwischen FPÖ und Burschenschaften bestehe keinerlei Zusammenhang, ist ebenso naiv wie absurd: Jeder weiß, dass die FPÖ in den Burschenschaften ihre bedeutendste Personalreserve und eine loyale Wählerschaft findet. Anders gesagt: Durch seine Personalpolitik hat sich FPÖ-Chef Strache von den deutsch-nostalgisch-antisemitischen Burschenschaften abhängig gemacht, ob er dies nun öffentlich zugibt oder nicht. Die Affäre um die „Germania", welche kurz nach der Regierungsbildung die ganze Nation erschütterte, ist dem frischgebackenen Vizekanzler Strache denkbar ungelegen gekommen – gab er sich doch alle erdenkliche Mühe, sich als Bekämpfer des „richtigen" (muslimischen) Antisemitismus und als Freund Israels zu profilieren. Doch seine Verknüpfung mit den teils rechtsextremen und deutschnational gesinnten Burschenschaftern ist gleichsam schicksalshaft – Strache befindet sich in der klassischen Situation von Goethes „Zauberlehrling": „Die ich rief, die Geister, werd ich nun nicht los."

Die neue Regierungspartei FPÖ ist eine Partei, die von ehemaligen Nationalsozialisten gegründet wurde, deren Politiker mit verlässlicher Regelmäßigkeit antisemitische Rülpser von sich geben. Man muss sich vor Augen halten, dass nunmehr Österreich die einzige EU-Nation ist, in der eine rechtspopulistische bzw. rechtsradikale Partei mitregiert. Österreich, ausgerechnet. 18 der 51 FPÖ-Nationalratsabgeordneten, also gut ein Drittel der FPÖ-Männer im Nationalrat, gehört einer „völkischen" Studentenverbindung an – und noch dazu die Hälfte der (männlichen) Ministerriege. „Gute Nacht, Österreich", möchte man da spontan ausrufen.

Die Burschenschafter mit ihrem fragwürdigen deutschnationalen Gedanken- und Liedgut sind also in den entscheidenden Gremien, Parlament und Regierung massiv überrepräsentiert – denn in der österreichischen Gesamtbevölkerung stellen die Burschenschafter gerade einmal 0,05 Prozent. FPÖ-Chef Heinz-Christian Strache ist bekanntlich selbst Burschenschafter, ebenso vier seiner fünf Stellvertreter. Der emeritierte Geschichtsprofessor Günter

Cerwinka, selbst Burschenschafter („Alemannia Graz"), spricht von der „Germanomanie" der österreichischen Burschenschafter – diese fühlten sich „deutscher als die Deutschen" und wer nicht „deutschstämmig" sei, habe bei vielen Burschenschaften keine Chance, aufgenommen zu werden. In deren Dachverband sei denn auch vor einigen Jahren allen Ernstes die Einführung eines „Ariernachweises" erwogen worden. Assoziationen zum Nationalsozialismus sind nicht abwegig. Der Sozialpsychologe Klaus Ottomeyer betont, dass der Ehrbegriff im Wahlspruch der Burschenschaften („Ehre, Freiheit, Vaterland") nur als Verpflichtung gegenüber dem „eigenen" Volk verstanden wird. In der sogenannten Waidhofener Erklärung vom 11. März 1896 wurden Juden durch die österreichischen Studentenverbindungen generell von der „Austragung von Ehrenangelegenheiten" (sprich: Duellen) ausgeschlossen; sie waren „nicht satisfaktionsfähig". Natürlich war das eine der Manifestationen des in den Burschenschaften damals wie heute grassierenden Antisemitismus. Der Ausschluss der jüdischen Burschenschafter von Duellen hatte allerdings auch, was weniger bekannt ist, ganz pragmatische Motive: Die jüdischen Studenten trainierten systematisch und vom Selbsterhaltungstrieb beseelt das Fechten – und außerdem pflegen Juden sich beim Alkoholgenuss traditionell zurückzuhalten, was zweifellos die Treffsicherheit erhöhte. Fazit: Die Juden waren gefürchtete Duellgegner, und was tat man, um das Problem zu lösen? Man erklärte sie für „nicht satisfaktionsfähig", was gleichzeitig eine soziale Erniedrigung mit sich brachte und den Vorteil hatte, dass man sich nicht zu blamieren brauchte, ausgerechnet vom einem jüdischen Duell-Gegner eine Niederlage einzustecken.

Doch zurück zur Gegenwart: Unter den Nationalräten befindet sich unter anderem der frühere Dritte Nationalratspräsident Martin Graf mit seinen einschlägigen Verbindungen zur rechtsradikalen Szene, Mitglied der rechtsextremen schlagenden Burschenschaft „Olympia". Der philosophisch gebildete FPÖ-Verseschmied und neue Innenminister der Nation, Herbert Kickl, hat sich ausgerechnet den einschlägig bekannten Alexander Höferl zum Kommunikationschef erkoren – dieser hat eine führende Rolle bei der rechtsextremen Website „unzensuriert.at" und ist Mitglied der ebenfalls rechtsextremen Burschenschaft „Gothia", die unter anderem Georg Schönerer, den Wegbereiter des Antisemitismus und Vorbild Hitlers, verehrt. Die Dritte Nationalratspräsidentin, Anneliese Kitzmüller, ist Vize-Obfrau der „Mädelschaft Iduna zu Linz" und pflegt Personen, welche sich mit den NS-Verbrechen befassen, als „Linksfaschisten" zu titulieren. Und die von der FPÖ nominierte „parteilose" neue Außenministerin Karin Kneissl verunglimpft in ihrem Buch den Zionismus – die Grundlage Israels als Heimstätte des jüdischen Volkes – als „Blut-und-Boden"-Ideologie und setzt ihn so dem mörderischen Gedankengut der Nazis gleich. Ein seltsames Arrangement: Kurz behält sich die in diesem Jahr besonders wichtigen EU-Agenden vor, die er der Außenministerin kurzerhand weggenommen hat – zweifellos ein Beschwichtigungssignal an die EU-Partner, wurde Kneissl doch von der FPÖ aufgestellt.

Mit Leuten dieses Kalibers haben wir es also zu tun – sie repräsentieren Österreich, das sich anschickt, des „Anschlusses" 1938, des massenhaften Mitläufertums und der durch zahlreiche Österreicher begangenen, schweren und schwersten (und in der Regel nie bestraften) NS-Verbrechen zu gedenken. Und mit solchen Leuten im Schlepptau tritt Österreich Mitte 2018 die EU-Ratspräsidentschaft an.

All dies stört allerdings im Inland nur die wenigsten – die Nation befindet sich in einer Art zufriedener Trance. Widerspruchslos wird hingenommen, dass die FPÖ wichtige Institutionen mit ihren eigenen Leuten besetzt – „jobs for the boys" nennen das die Engländer. Man hat bei den Nationalratswahlen zwar nur den dritten Platz belegt, doch die Gunst der Stunde – die De-facto-Alternativlosigkeit – hat die FPÖ an die Regierung gebracht. Jetzt werden die Pfründen verteilt: Norbert Hofer, der gescheiterte Bundespräsidentschaftskandidat und Infrastrukturminister in der neuen Regierung, hat als Erstes acht eigene Leute als Aufsichtsräte in die ÖBB-Holding entsandt. Darüber regt sich hier niemand auf, denn man war es gewohnt, dass die rot-schwarze Große Koalition sämtliche Posten und Pöstchen „ihren" Leuten zuschob. Warum also nicht auch die FPÖ, jetzt, wo sie an der Regierung ist?

Lediglich in Frankreich warnen vereinzelte Stimmen vor einer „Banalisierung" der FPÖ und der französische Präsident Emmanuel Macron gab seinem Gast, Bundeskanzler Sebastian Kurz, als Mahnung mit auf den Weg: „Mit Rechtsextremen paktiert man nicht, man bekämpft sie. Ich habe es erfolgreich getan." Und die deutsche Kanzlerin Angela Merkel, die ja gegen die erstarkte rechtsextreme AfD ankämpft, soll gegenüber ihren Mitarbeitern bemerkt haben, sie finde das Zusammengehen mit der FPÖ „nicht so super", und meinte, sie werde auf die Politik der neuen österreichischen Regierung ein besonders scharfes Auge werfen. Österreich, schreibt Thurnher, sei ganz gewiss kein Naziland. Aber Österreich „tut nichts, um den Eindruck zu erwecken, es kämpfe erbittert gegen einen möglichen einschneidenden Rechtsruck".

Dass sich gleichzeitig, in der Silvesternacht 2018, ein scheinbarnebensächlicher „Fait divers" ereignete, wirkte wie ein Fanal: In Wien wurde genau um Mitternacht das „Neujahrsbaby" Asel geboren. Dessen Mutter Naime trägt Kopftuch, ist also unverkennbar Muslimin. Dieser Umstand löste eine Flut unerträglicher Hasspostings im Internet aus. Eines wünschte dem Baby „plötzlichen Kindstod", ein anderes äußerte lakonisch „Weg damit!". Einerseits. Andererseits entstand sofort eine Gegenbewegung mit rund 20 000 Solidaritätsbotschaften – und zwei österreichische Musiker komponierten umgehend einen souligen Song. „Lots of good friends and a lot of helping hands" begleiteten das Baby Asel in die Welt.

Als kurz darauf die unermüdliche Flüchtlingshelferin Ute Bock starb – „sie hat uns gezeigt, was Menschsein bedeuten kann", würdigte sie Bundespräsident Van der Bellen –, tauchten auf Facebook unflätige Hasspostings auf: „Landes- und Volksverräterin", „Der Teufel hat sie geholt, aber 15 Jahre zu spät", „Danke Satan, dass du diese Gutmenschin zu dir geholt hast", „Hoffentlich schmorrt (sic!) sie in der Hölle" waren noch die harmloseren. Die Kommentarfunktionen einiger Medien mussten notfallmäßig deaktiviert werden.

Österreich sei „kein geografischer Begriff, sondern ein Seelenzustand" sagte der Autor William M. Johnston. Unergründlicher Zustand einer Seele, die immer wieder düstere, unauslotbare Abgründe offenbart. Aber zugleich auch helle, heitere, erfreuliche Seiten: als damals, am Westbahnhof, Freiwillige die ankommenden (und möglichst rasch in Merkels Deutschland weitergereichten) Flüchtlinge betreuten. Österreich ist zwiespältig und wird dies wohl immer bleiben.

„Stillstand im Dreivierteltakt" lautete der Titel meines letzten Buches über dieses Land. Der allgemeine Stillstand, die chronische Reformverweigerung – und vor allem die Verlagerung der Macht von Ministerrat und Parlament auf eine obskure Geheimregierung namens „Landeshauptleutekonferenz" charakterisierte die politische Situation in Österreich. Jahrzehnte der Koexistenz von Rot und Schwarz, des scheinbar harmonischen Miteinander und zugleich hasserfüllten Gegeneinander der „beiden Reichshälften", Jahrzehnte der permanenten „Großen Koalition", zu der die Nation gleichsam durch göttliche Vorsehung verdammt schien und die Österreich zum Land machte, in dem „man sich's richtet" und es sich bis zur Frühpensionierung auf roten und schwarzen Posten bequem einrichtete. Stillstand, aber im Dreivierteltakt: eine fröhliche und damit sehr wienerische Art der Stagnation – man dreht sich selig zu Walzermelodien und kommt doch nicht vom Fleck. „Fleckerlwalzer" nennen die Wiener Ball-Habitués diese elegante Technik, mittels derer sie dem Stau auf der Tanzfläche begegnen – unmittelbar nachdem der Ball mit der merkwürdigen Formel „Alles Walzer" eröffnet wurde und „alles" aufs Parkett drängt.

Während sich die rund 400 Wiener Bälle ständig zunehmender Beliebtheit erfreuen, galt dies zu Zeiten der alten rot-schwarzen Regierungskoalition für Politik und Politiker nur in beschränktem Maße. In einer OGM-Umfrage des Jahres 2017 gaben 87 Prozent der Befragten an, wenig oder gar kein Vertrauen in die Politik zu haben – ein deutlicher Anstieg gegenüber dem Vorjahr (82 Prozent).

Noch schlechter ist es um die Politiker bestellt: In sie haben 93 Prozent der Befragten wenig oder gar kein Vertrauen – gegenüber 89 Prozent im Vorjahr. Politiker bringen in den Augen der Bürger nichts weiter – und die Politik stagniert, während sich das fröhliche Wien fast ganzjährig im Walzertakt dreht: Stillstand im Dreivierteltakt.

Der Eindruck lässt sich nicht von der Hand weisen, dass Sebastian Kurz ganz gezielt das Grundbedürfnis der nicht nur politikmüden, sondern zu rund 50 Prozent auch demokratiemüden Österreicher nach dem „starken Mann" befriedigt. Laut einer 2017 vom Zukunftsfonds der Republik Österreich in Auftrag gegebenen Umfrage wünschen sich 43 Prozent der Österreicher einen „starken Mann" an der Spitze des Staates. Und 23 Prozent – fast ein Viertel – stimmten der Aussage zu: „Man sollte einen starken Führer haben, der sich nicht um ein Parlament und Wahlen

Der unwiderstehliche Charme des Sebastian K.

kümmern muss." Vor zehn Jahren waren es noch 14 Prozent. Eine signifikante Zunahme. Das muss nachdenklich stimmen. Wird der nette junge Kurz dereinst zu jenem „starken Mann" werden, den sich fast die Hälfte der Österreicher wünscht – oder gar zum „starken Führer", der demokratische Institutionen links liegen lässt? Wir würden das Österreich nicht wünschen.

„Damit sich was bewegt", versprach Sebastian Kurz – „unser Wunderwuzzi" (Originalton „Kronen Zeitung"), der „Außerirdische" (Originalton „profil"), „vergleichbar mit Mozart" („Bild-Zeitung") – auf seinen Wahlplakaten: Damit traf er präzise den Überdruss der Wähler angesichts der jahrzehntelangen Stagnation – und den, wie der Politologe Fritz Plasser feststellt, Wunsch nach Erneuerung, Veränderung und Überwindung des politischen Stillstands. Diese drei Elemente verkörpert Sebastian Kurz und er setzte sie gezielt in seinem Wahlkampf ein. Inzwischen wird der Glorienschein des Jung-Kanzlers, der sämtliche anderen Mitglieder seiner Regierung überstrahlt (Hand aufs Herz – wer kann diese auswendig aufzählen?) zum beliebten Thema von satirisch aufgelegten Journalisten. So bringt ein Kommentar im „Standard" die quasi-messianische Kurz-Verehrung präzise auf den Punkt: „Was Wunder, dass immer öfter im Tonfall der Anbetung von ihm berichtet wird: König der Herzen, Schließer der Routen, Mehrer der Mühseligen, Tröster der Tschapperln, Wohltäter der Witwen, Wastl der Waisen, Retter des Abendlandes und des Opernballs! Ahnungslos hielten wir ihn lediglich für einen Halbgott, doch die Zeichen, dass wir ein ‚Second Coming' von Jesus selbst miterleben, mehren sich."

Eines jener großformatigen Wahlplakate mit dem Slogan „Damit sich was bewegt" prangte gleich um die Ecke von dem Haus, in dem ich wohne. Damit sich *was* bewegt? Die Antwort hing am Morgen nach der Wahl, die Kurz bekanntlich haushoch gewonnen hatte, genau an derselben Stelle, von der tags zuvor noch der smarte Jungpolitiker visionär in die Zukunft – *seine* Zukunft – geblickt hatte: Das Kurz-Plakat war über Nacht mit einem anderen überklebt worden. Es war feuerrot und warb für den mehrstöckigen, fetttriefenden Hamburger einer bekannten Fastfood-Kette. Darüber stand: „Superkombi". Das war die sprichwörtliche „Schrift an der Wand".

Kurz hatte die rot-schwarze Stillstands-Kombi durch die türkis-blaue „Superkombi" ersetzt, die Frau Merkel wie erwähnt „nicht so super" findet. Das Ausland ist den Österreichern egal. Mehr als das: Kritik oder auch nur Skepsis des Auslands stößt im Inland auf wütende Trotzreaktionen: „Mia san mia", „Jetzt erst recht". Wie man im Fall Waldheim überdeutlich feststellen konnte. Armin Thurnher formuliert treffend: „Das Ausland hat keine Ahnung, wie sehr das Inland das Ausland nicht mag." Der Historiker Oliver Rathkolb nennt als österreichische Grundeigenschaft den „Solipsismus", eine „permanente Ichbezogenheit": eine Konstante, die sich aus den letzten Jahrzehnten der Monarchie herleite.

Wenn man mich bitten würde, den Charakter des Österreichers mit einem Wort zu umschreiben, würde die Antwort „Selbstgefälligkeit" lauten. Selbstgefälligkeit, die keine Kritik duldet. Doppelt erstaunlich daher, dass hier Thomas Bernhard inzwischen so viel Verehrung genießt.

Der Protest des Auslands gegen die erste schwarz-blaue Koalition aus ÖVP und FPÖ geriet letztlich, wie so vieles in Österreich, zur Farce: Die Schüssel-Regierung pflegte genüsslich den Mythos, die charmante Außenministerin

Benita Ferrero-Waldner habe die Phalanx der ausländischen Österreich-Vernaderer mit ihrem unbesiegbaren „Kampflächeln" zu Fall gebracht – und tat damit gleichzeitig etwas für die Österreich Werbung, die ja kurz darauf den legendären Charme des Landes auf die Unesco-Welterbe-Liste setzen lassen wollte. Und jene österreichischen Beamten, die sich zur Zeit des EU-Boykotts, der sogenannten Sanktionen gegen Österreich, in internationalen Sphären bewegten, sollen stets schwere Mappen und hohe Aktenstapel mit sich getragen haben – um prophylaktisch der Peinlichkeit zu entgehen, die Verweigerung des Händedrucks durch einen EU-Diplomaten über sich ergehen lassen zu müssen.

„In Österreich", schreibt Armin Thurnher, „geht die Farce der Tragödie voran." Wenn das stimmt, müsste man hellhörig werden, wenn sich hier wieder mal eine Farce abspielt. Was ja regelmäßig geschieht.

DIE SIEBTE MILLION

Mitunter wird selbst in Österreich das Thema Vergangenheitsbewältigung mit der gebührenden Gründlichkeit angegangen: So im burgenländischen Bezirk Neusiedl am See, dessen Autokennzeichen nicht, wie man konsequenterweise erwarten würde, auf „NS" lauten, sondern auf „ND". Denn „NS" könnte man ja als Abkürzung für „Nationalsozialismus" deuten. Es gibt in Österreich eine Liste mit mehr als 30 verbotenen Abkürzungen oder Zahlenkombinationen auf den sogenannten Wunschkennzeichen. Dazu gehört beispielsweise „88" (8. Buchstabe des Alphabets, also HH – Heil Hitler) oder 1919 (19. Buchstabe des Alphabets, also SS). Grüne Politiker wiesen darauf hin, dass ein FPÖ-Funktionär aus dem salzburgischen Flachgau mit einem Wunschkennzeichen fuhr, das mit der erwähnten Ziffer „88" endete. Der Betreffende hatte jedoch eine ganz andere Erklärung für dieses Zahlenspiel: Er habe seine Frau am 8. 8. 2010 kennengelernt und dieses Datum sei wichtig für ihn. Das erinnert lebhaft an Straches berühmt gewordene Erklärung für jenes durch die Medien gehende Foto, das ihn mit ausgestrecktem Arm und drei ausgestreckten Fingern zeigte: Er habe damals doch nur „drei Bier" bestellt. In Wirklichkeit praktizierte er doch wohl eher den unter Neonazis beliebten, weil so raffiniert provokanten „Kühnen-Gruß", die „legale" Variation zum strafrechtlich relevanten „Hitlergruß".

Dennoch: Leider wäre es eine Illusion, zu glauben, dass in Österreich jenes düstere Geschichtskapitel 1938 bis 1945 endgültig und ausnahmslos ad acta gelegt worden sei. Die chronisch Ewiggestrigen sind durchaus auch die unbelehrbaren Ewigheutigen. Zwar ist dem früheren Bundespräsidenten Heinz Fischer vielleicht mit Vorbehalt zuzustimmen, wenn er in einem „profil"-Interview meint, der Antisemitismus sei „heute in Österreich absolut nicht mehr gesellschaftsfähig". Mag durchaus sein. Aber ausgerottet ist er noch lange nicht – und es ist zu fürchten, dass er, mit zunehmender Distanz zur Shoah, wieder an Relevanz gewinnt.

Oskar Deutsch, der Präsident der Israelitischen Kultusgemeinde Wien, sagte in einem „Spiegel"-Interview, dass die Zahl der antisemitischen Übergriffe in den letzten drei bis vier Jahren stetig gestiegen sei. 2014 seien 255 antisemitische Vorfälle registriert worden, 2016 bereits 477. Aber man könne nicht eindeutig sagen, ob dies Antisemitismus

von der rechten oder der islamischen Seite sei. Die Verurteilungen nach dem NS-Verbotsgesetz jedenfalls, die kaum
den islamischen Antisemitismus betreffen, sind in den letzten beiden Jahren um die Hälfte angestiegen. 2015 waren
79 Verurteilungen nach dem Verbotsgesetz erfolgt, 2017
bereits 119. In einer aktuellen OGM-Umfrage bekannte
sich jeder sechste Österreicher offen dazu, „im privaten
Kreis" abschätzig über Juden zu reden. Wie viele dies nicht
zugeben, weiß man nicht. Selbst ÖVP- und SPÖ-Anhänger
gelten für OGM zu 40 Prozent als „leicht antisemitisch",
jeder vierte FPÖ-Wähler äußert laut OGM unverblümten
Judenhass. Die schönfärberische Behauptung, Antisemitismus in Österreich sei eine Sache der Vergangenheit, ist ein
Mythos. Eine weitere Selbstlüge. Obwohl die von OGM
Befragten schätzen, dass 16 Prozent der Österreicher eine
antisemitische Einstellung hätten und 23 Prozent meinen,
dass sich der Antisemitismus in Österreich verschlimmern
werde, finden 39 Prozent, dass Medien und Politik dem
Thema Antisemitismus übertriebene Aufmerksamkeit
widmen. Man will offenbar mit seinen antisemitischen Ge-
fühlen endlich in Ruhe gelassen werden.

Ausgerechnet im ersten Monat des „Gedenkjahrs" 2018
wurde aber Österreich mit dem fulminant antisemitischen
Liedtext der Studentenverbindung „Germania" einmal
mehr von der allzu lange nicht verarbeiteten Vergangenheit eingeholt: 46 Jahre hatte es bekanntlich gedauert, bis
sich Bundeskanzler Franz Vranitzky am 8. Juli 1991 endlich zur Mitverantwortung Österreichs für NS-Verbrechen
bekannte. Es vergeht hier kaum ein Monat, in dem nicht
ein neuer Skandal um antisemitische „Rülpser" irgendwel-
cher Funktionäre oder Politiker – in der Regel gehören sie
der FPÖ an – bekannt wird.

So auch im Januar 2018: der 32-jährige freiheitliche FPÖ-Spitzenkandidat in Niederösterreich Udo Landbauer. Er ist stellvertretender Vorsitzender der pennalen Burschenschaft „Germania zu Wiener Neustadt" (Motto: „Deutsch und treu in Not und Tod"), die ein „Liedheft" unter dem Titel „Es lagen die alten Germanen" herausgibt, in dem Nazilieder kolportiert werden, die Wehrmacht verherrlicht und die Shoah sowie deren Opfer zynisch ins Lächerliche gezogen werden. Die Texte, die man dort – mehr als sieben Jahrzehnte nach der NS-Zeit – findet, sind geradezu unfassbar in ihrer antisemitischen Verhöhnung. So heißt es dort in einem der Sauflieder: „Da trat in ihre Mitte der Jude Ben Gurion: Gebt Gas, Ihr alten Germanen, wir schaffen die siebte Million" – und „Da schritt in ihre Mitte ein schlitzäugiger Chines': Auch wir sind Indogermanen und wollen zur Waffen-SS". Es braucht nicht viel Fantasie, um sich vorzustellen, mit welcher Inbrunst auf der Burschenschafter-Bude derart perverse Lieder gegrölt werden.

Das Ergebnis des niederösterreichischen Urnengangs vom 28. Januar, der ja unmittelbar nach dem Auftauchen jenes Liederbuchs erfolgte, war zwiespältig. Einerseits hat die FPÖ nicht so viele Stimmen erhalten, wie sie offenbar gehofft hatte. Hat die „Germania"-Affäre manche FPÖ-Wähler vielleicht doch verschreckt? Das wäre dann doch allzu optimistisch. Denn die FPÖ hat unmittelbar nach dem Skandal den höchsten Stimmenzuwachs aller Parteien verzeichnet, nämlich 6,55 Prozentpunkte. Also scheint die Sache mit der siebten Million eine ganze Menge FPÖ-Wähler weder zu irritieren noch zu stören. Oder vielleicht hat die grauenhafte Geschichte ihre Wahlentscheidung sogar zugunsten der FPÖ beeinflusst? Wer weiß. Die sonst so gesprächigen Meinungsforscher jedenfalls geben sich für einmal wortkarg.

Pikanterweise wurde bald bekannt, dass nicht nur die FPÖ in den Fall „Germania" involviert war, sondern auch die SPÖ: Der Illustrator jenes Liederbuchs war nicht nur Mitglied jener Burschenschaft, sondern auch langjähriges SPÖ-Parteimitglied und ehemaliger Bauamtsdirektor. Die rechtsradikalen Sympathisanten sind nicht nur im Lager der FPÖ zu finden, sondern beispielsweise auch bei der SPÖ – deren Wähler bekanntlich in verschiedenen Urnengängen scharenweise zur FPÖ überwechselten.

Vorkommnisse wie der unsägliche Text jenes Liederbuchs sind für den hier lebenden Ausländer (oder, wenn man so will, den Rückkehrer in die Stadt seiner Vorfahren) zutiefst irritierend und verunsichernd. „Die siebte Million" – sind das jetzt die düsteren Abgründe der österreichischen Seele, ist das die unterdrückte Kehrseite dieses sonst so modernen, fortschrittlichen, wunderschönen Landes? Ist das der Preis für die allzu lange nicht aufgearbeitete Vergangenheit, für den schonungsvollen Umgang mit dem österreichischen Idyll von Wolfgangsee bis Opernball, für die notorische Geschichtslüge, für all die Verharmlosungen und Beschönigungen, für skandalöse Freisprüche in Prozessen gegen Massenmörder wie Franz Murer, für die nun auch in diesem Sauflied zelebrierte Verhöhnung der Opfer?

Die „Germania"-Affäre hat, und das ist das Positive daran, eine doch recht beeindruckende Welle der Empörung ausgelöst, unzweideutige Stellungnahmen führender Politiker nach sich gezogen und – allerdings etwas zögerlich und erst unter Druck der publizierten öffentlichen Meinung – politische Konsequenzen nach sich gezogen. Bemerkenswert klar waren die Äußerungen von Bundespräsident Van der Bellen und Landeshauptfrau Johanna Mikl-Leitner (die von Landbauer launig als „Moslem-Mama", welche die „Zwangsislamisierung" praktiziere, verunglimpft wurde). Während sich FPÖ-Chef und Vizekanzler Strache sowie FPÖ-Innenminister Kickl schützend vor die Schlüsselfigur des Skandals, Udo Landbauer, stellten und von „linker Meinungsdiktatur" sprachen, versuchte Kanzler Kurz die Angelegenheit auffällig zurückhaltend zu behandeln.

Diese schonungsvolle Stellungnahme wurde zu Recht scharf kritisiert: Jener Liedtext wurde von Universitätsrektoren als „Aufruf zum Massenmord" qualifiziert und bot mehr als hinreichend Grund für ein entschlossenes Einschreiten des Bundeskanzlers – auf einen Richterspruch zu warten und sich dann diesem anzuschließen, bot dann doch ein ziemlich lamentables Bild von Feigheit. Umso unmissverständlicher die Aussage des ehemaligen niederösterreichischen Landeshauptmanns, Erwin Pröll, der sich damit neuerdings als graue Eminenz bewährt: Es sei „eine gemeinsame Aufgabe der Bundesregierung", sich vom Schatten der Vergangenheit zu befreien – „da kann sich der Bundeskanzler genauso wenig wie der Vizekanzler aus der Verantwortung stehlen". Dass sich Kanzler Kurz dann den diversen Rücktrittsaufforderungen an Landbauer anschloss, geschah spät und offensichtlich unter dem Druck der öffentlichen Meinung.

Udo Landbauer, der dann auch von allen öffentlichen Ämtern zurücktrat, war gewissermaßen die Personifizierung all dessen, was sich der karrierebewusste Sebastian Kurz durch seinen „Teufelspakt" mit der FPÖ eingehandelt hat. Es entbehrt nicht der Ironie, dass der Mann mit dem soliden österreichischen Familiennamen, der für die Anti-Migrantenpartei im strategisch überaus wichtigen Niederösterreich kandidierte und als Vizechef einer Nazi-affinen Burschenschaft amtierte, persönlich Migrationshintergrund hat: Seine Mutter hat iranische Ursprünge. Auch in dieser Hinsicht ist Landbauer durchaus eine Symbolfigur: Österreich gibt sich zwar generell ausländerfeindlich, ist aber selbst durch und durch „ausländisch". Dazu fällt einem natürlich sofort die brillante „Telefonbuchpolka" von Georg Kreisler ein – und man erinnert sich daran, dass im xenophoben Österreich jeder Fünfte Migrationshintergrund hat, in Wien ist es sogar jeder Zweite.

Antisemitismus gibt es auch anderswo, heute wieder deutlich mehr als früher – in der Schweiz, in Schweden, in Dänemark, ja in Großbritannien und in den USA. Nur: In Österreich erscheint er besonders schamlos und widerwärtig – in Anbetracht der österreichischen NS-Vergangenheit und deren perfider Negierung in der Nachkriegszeit. Die Niedertracht gegenüber den Opfern und deren Nachkommen lässt sich in drei berüchtigten Zitaten zusammenfassen: Innenminister Oskar Helmer (SPÖ); „Ich sehe überall nur jüdische Ausbreitung" und „Ich wäre dafür, dass man die Sache (Restitution, Anm.) in die Länge zieht". Staatskanzler Karl Renner (SPÖ): Eine rasche Restitution von geraubtem Eigentum könne nicht erfolgen, damit die „jüdischen Massen" nicht zurückfluteten. Der damalige ÖVP-Generalsekretär und Justizsprecher Michael Graff zur Waldheim-Affäre: „Solange nicht bewiesen ist, dass Waldheim eigenhändig sechs Juden erwürgt hat, gibt es kein Problem." Graff jedenfalls hatte sich für jene obszöne Aussage entschuldigt und trat zurück – Helmer und Renner taten dies nicht. Die oft zitierten Aussagen waren nur

die bekanntesten – die Spitze des Eisberges gewissermaßen. Unter der Oberfläche fielen zahllose ähnliche (und
schlimmere) Aussagen zu diesem Thema. Dass diese Herren weder intellektuell fähig noch moralisch willens waren,
aus den dunkelsten Jahren der österreichischen Geschichte
demütig ihre Lehren zu ziehen und stattdessen mit derar-
tig verachtenswerten Aussagen neue Schuld begründeten,
wirft ein Schlaglicht auf die moralische Verfasstheit dieser
Nation. Vor allem bildeten derartige Aussagen, auf die mit
Zustimmung statt der gebührenden Empörung reagiert
wurde, den Humus für den Antisemitismus, der sich heute
wieder in der jungen Generation der österreichischen Burschenschafter (und Jus-Studenten) auszubreiten scheint.

Wer meint, dass nach all den Jahrzehnten die Rück-
erstattung geraubten jüdischen Eigentums gerecht und
korrekt erfolgt wäre, unterliegt einem gründlichen Irr-
tum: Unter dem Druck der EU-Sanktionen erließ Österreich zwar 2001 ein neues Restitutionsgesetz, das aber
nur einen „Gnadenakt" vorsieht. Österreichweit wurden
in den letzten 16 Jahren lediglich sieben Liegenschaften
zurückgestellt, wie Stephan Templ in seinem Buch „Unser
Wien. Arisierung auf österreichisch" ausführt. Die Republik Österreich bringe noch Jahrzehnte nach der NS-Zeit
in Restitutionsangelegenheiten die zynische „Reichsflucht-
steuer", und die „Judenvermögensabgabe" indirekt zur
Anwendung, mit denen damals Juden Überleben und Freiheit erkauften.

EIERNOCKERLN ZU EHREN
DES „FÜHRERS"

Seltsame NS-Nostalgie manifestiert sich nicht nur in jenen deutschnationalen Burschenschaften, welche neuerdings die Parlamentsfraktion der Regierungspartei FPÖ in voller Mannschaftsstärke bevölkern, sondern auch in Institutionen, wo man das Ewiggestrige nicht vermuten würde – in staatlichen Institutionen. Das mag durch folgende Begebenheit illustriert werden: Ein befreundeter Journalist, der unter anderem im Feuilleton der „NZZ" publizierte und der (schuldlos, aber das wäre eine andere Geschichte) in einem Wiener Gefängnis gesessen hatte, berichtete mir glaubhaft folgende Episode. Er war „Freigänger", hatte also das Privileg, tagsüber außerhalb der Haftanstalt arbeiten zu dürfen, musste aber jeweils abends in seine Zelle zurückkehren.

Am Eingang der Haftanstalt wurde er wie jeden Tag der routinemäßigen Kontrolle unterzogen. Der Gefängnisbeamte, der diese durchführte, fragte meinen Freund so nebenbei (aber in süffisantem Tonfall): „Na, lieber T., haben'S heut schon Ihre Eiernockerln 'gessen?" Mein Freund verstand die Frage nicht, und als ihm kurz darauf vom Aufschließer seiner Zelle dieselbe Frage mit ähnlich sarkastischem Unterton gestellt wurde, fragte er einen Mithäftling, was diese zu bedeuten habe. Die Antwort: Ob er denn nicht wisse, dass im Gefängnis für sämtliche Insassen Jahr für Jahr am 20. April „Eiernockerln" auf dem Menü stünden? Unser Freund brauchte nicht lange zu recherchieren. Eiernockerln waren des „Führers" traditionelles Geburtstagsgericht, also offenbar Hitlers Leibspeise. Neugierig geworden forschte ich nach. Tatsächlich ergaben meine Recherchen, dass jeweils zum „Führergeburtstag" in mehreren einschlägigen Wiener Lokalen die vom „Führer" angeblich so geliebten Eiernockerln als Tagesmenü aufgetischt werden. Dies sei, wie auf Nachfrage versichert wird, „kein Zufall". In Wien geht bekanntlich mehr als anderswo die Liebe durch den Magen – auch jene zum „Führer", in ewiggestrigen Kreisen. In diesen hält man ihm die Treue. Gewährsleute berichten mir glaubhaft von festlichen Abendessen zum 20. April – in eingeweihten Zirkeln und selbstverständlich hinter geschlossenen Türen. Auf Billy Wilder soll der schon etwas abgenutzte Spruch zurückgehen, dass die Österreicher das Kunststück fertiggebracht hätten, aus Beethoven einen Österreicher und aus Hitler einen Deutschen zu machen. Aber, so wird dem hier trotzig widersprochen: Hitler mag aus Österreich stammen – aber groß geworden sei er erst in Deutschland. Mag sein, könnte man dieser Spitzfindigkeit hinzufügen: Aber nicht nur dort, auch in Österreich genießt dieser Dämon ungebrochene Popularität in einer zwielichtigen Gefolgschaft.

Nach der „Germania"-Affäre im unmittelbaren Vorfeld des niederösterreichischen Wahlkampfes lagen die Nerven der Medien und der Politiker blank – die Hellhörigkeit in Sachen Antisemitismus und FPÖ-Spitzenkandidaten war nun plötzlich immens. Vor laufender Kamera des ORF Tirol standen sich im Landtagswahlkampf der FPÖ-Spitzenkandidat Markus Abwerzger und ein offenbar leicht seniler Passant gegenüber. Der 86-jährige Tiroler pries „Zucht und Ordnung" in der Hitlerjugend und bedauerte aufrichtig, dass man heutzutage nicht mehr offen „stinkerte Juden" sagen dürfe, was doch die Kirche immer wieder gepredigt habe. Abwerzger schien in dem kurzen Beitrag zustimmend zu nicken – doch es stellte sich heraus, dass der ORF den Zuschauern die milde missbilligende Antwort des FPÖ-Politikers vorenthalten und den Filmschnitt an der falschen Stelle gesetzt hatte. Das darf natürlich nicht sein – das war entweder Schlamperei (siehe unten) oder, im Schatten des „Germania-Skandals", bewusst manipulativ. Wie auch immer: Die Aussage des Tiroler Deppen war echt, daran ist nicht zu rütteln. Dass im Jahr 2018 Österreicher nach wie vor „stinkerte Juden" in eine Fernsehkamera sagen, ist bedenklich – auch wenn es sich hier nicht gerade um den repräsentativen Bevölkerungsdurchschnitt gehandelt hat. Aber der Einzige, der so etwas aus Überzeugung sagt, wage ich zu behaupten, war das nicht.

Kann man das Phänomen der mehr oder weniger geheimen Sympathie mit dem Nationalsozialismus so einfach als Spinnerei von einer Handvoll Geistesgestörten abtun? Tatsache ist, dass diese in Österreich noch immer vorhandene Gesinnung ihre Wurzeln in einem Nährboden hat, der von rechtsextremen Kreisen beackert und in deren Websites üppig gedüngt wird. Je zögerlicher die Justiz auf diese Umtriebe reagiert, je mehr Rückhalt diese in der Politik haben – 40 Prozent der FPÖ-Abgeordneten sind Burschenschafter mit einschlägiger Gesinnung –, desto ungehemmter können sie sich breitmachen. Dass Psychopathen für rechtsextreme Stimmungsmache besonders empfänglich sind und unter gegebenen Umständen zu Mördern werden können, scheint der Fall Friedrich F. eindringlich und tragisch zu beweisen.

Dass nicht nur Paranoide empfänglich für derartiges Gedankengut sind, zeigte ein Skandal an der juristischen Fakultät der Universität Wien im Mai 2017. Rund 60 Jus-Studenten, Mitglieder der „Aktionsgemeinschaft am

Wiener Juridicum" in enger Verbindung zur Jungen Volkspartei (JVP) beteiligten sich als Facebook-Gruppen unter Bezeichnungen wie „FV-Jus Männerkollektiv" und „AG Jus Aktive" sowie in einem WhatsApp-Chat namens „Badass Warlords" an übelerregenden antisemitischen und zugleich frauenfeindlichen Übergriffen: Sie posteten im Internet Fotos von Aschehäufchen, darüber als Bildlegende „Leaked Anne Frank nudes", Bilder von Personen mit Downsyndrom, übertitelt „Never gonna let you down", und den Satz „Here's your number, so Auschwitz maybe".

Bernhard Weidinger vom Dokumentationsarchiv des österreichischen Widerstands qualifiziert die Postings als „Aussagen und Memes, wie sie sonst nur in Neonazi-Foren anzutreffen sind". Funktionäre der „Aktionsgemeinschaft Jus" lassen sich auch gerne mal in eine NSDAP-Uniform hineinretuschieren und stellen Fragen, welche bewusst historisch einschlägige Assoziationen hervorrufen: „Wollt ihr eine kleine Studienplanreform? Oder wollt ihr die totale?" Dass sich derartige Vorfälle ausgerechnet im Schoß der Juristischen Fakultät der altehrwürdigen Uni Wien ereignen konnten, ist besonders beschämend – immerhin wird hier ein gewichtiger Teil der künftigen akademischen und politischen Elite dieser Nation herangebildet. Bundeskanzler Sebastian Kurz war Bundesobmann der Jungen Volkspartei.

Apropos Kurz: Die Silberstein-Affäre – benannt nach dem cleveren, aber dubiosen israelischen Spinndoktor Tal Silberstein, der offenbar von der SPÖ mit der Negativkampagne („Dirty Campaigning") gegen den ÖVP-Spitzenkandidaten Sebastian Kurz im Nationalratswahlkampf 2017 beauftragt wurde. Silberstein und seine Mitarbeiter operierten mit den gefälschten Facebook-Seiten „Wir für Sebastian Kurz" und „Die Wahrheit über Sebastian Kurz". Hier wurde Kurz unter anderem unterstellt, rassistische und antisemitische Ressentiments zu schüren. Abgesehen von dem skandalösen Vorhaben an sich, sind daran zwei Dinge erschütternd: dass man in Österreich offenbar noch im Jahr 2017 mit antisemitischen Klischees Emotionen schüren kann – oder dies zumindest versucht. Und zweitens, dass ausgerechnet ein (skrupelloser) Israeli sich für erkleckliches Honorar dafür hergibt, in Österreich Öl ins Feuer des hierzulande nicht nur latent, sondern bisweilen auch offen grassierenden Antisemitismus zu gießen.

Dazu fällt mir folgende Geschichte ein: Ein amerikanischer Tourist besichtigt Salzburg. Auf dem Domplatz, schräg gegenüber vom barocken Dom, sieht er einen Bettler. Er kommt näher und sieht, dass dieser ein handbeschriebenes Kartonschild vor sich hat: „Von Juden werden keine Spenden entgegengenommen." Der amerikanische Besucher ist empört: „Sie wagen es, sieben Jahrzehnte nach der Shoah, und dies ausgerechnet in Österreich …" Der Bettler grinst zynisch und antwortet in lupenreinem Jiddisch: „Du wirst mir doch keine Eizes (Ratschläge) geben wollen, wie ich hier mein Business zu führen habe." Das hatte sich Silberstein wohl auch gedacht.

Was meinte wohl Sebastian Kurz, als er im Schatten der Silberstein-Affäre in Graz verkündete, bei den Nationalratswahlen am 15. Oktober werde nicht nur eine Nationalratswahl, sondern auch eine Volksabstimmung darüber stattfinden, ob „wir die Silbersteins in Österreich wollen". Meinte er, „ob wir die Juden in Österreich wollen"? Doch ganz bestimmt nicht. Aber ziemlich unglücklich war die Formulierung mit „den Silbersteins" schon. Und was meinte wohl Peter Pilz, wenn er kurz darauf sagte: „Wenn wir diese Republik Silberstein-frei machen wollen …“? Diese mindestens so ungeschickte Aussage weckt unweigerlich Assoziationen mit den „Erfolgsmeldungen" des NS-Staates, diese oder jene Ortschaft oder Stadt sei jetzt „judenrein". Man darf in Österreich – und von politischen Profis ganz besonders – schon einen sorgsamen Umgang mit Worten und Formulierungen erwarten, die einschlägige Assoziationen wecken. Beispielsweise, wenn jemand statt „bis zum Gehtnichtmehr" mit dem grässlichen „bis zur Vergasung" zum Ausdruck bringt. Assoziationsträchtig und daher suspekt ist auch das volkstümliche „Geh dich brausen"; dasselbe gilt für „durch den Rost fallen". Wer weiß, wie das gemeint sein könnte.

Einen „Versprecher" ganz besonderer Art lieferte der neue Innenminister Herbert Kickl, der oberste FPÖ-Sprücheklopfer (seine Schöpfungen, in ihrer geistigen Schlichtheit und den subtilen Reimen geradezu genial – wie „Daham statt Islam" oder „Pummerin statt Muezzin"): Er sprach im Januar 2018 davon, Asylwerber künftig in Grundversorgungszentren „entsprechend konzentriert an einem Ort zu halten". Das erinnert unwillkürlich an „Konzentrationslager". Dass der wortgewaltige Kickl derart assoziationsreiche Begriffe zufällig oder gedankenlos verwendet, ist eher unwahrscheinlich.

Wahrscheinlicher ist es die in der FPÖ traditionell gepflegte Lust an der Provokation, am lustvollen Spiel mit den Tabus der verhassten „Political Correctness". Gleich zu Anfang ihrer Mitwirkung in der Regierung will die FPÖ offenbar testen, wie weit man gehen kann, wie viel die österreichische Öffentlichkeit zu schlucken oder zu übersehen bereit ist. Doch so manches, erfahrungsgemäß.

In Österreich (wie auch anderswo) verbirgt sich Antisemitismus hinter dem – politisch korrekten und sozial akzeptierten – „Antizionismus". Dass die israelische Politik kritisiert werden kann, soll und darf – wie die jedes anderen Staates –, ist eine Selbstverständlichkeit. „Antizionismus" heißt allerdings, verkürzt gesagt, dass man letztlich dem jüdischen Volk die nationale Heimat abspricht und das Existenzrecht Israels, in welchen Grenzen und Formen auch immer, negiert. Entlarvend werden Israelkritik und „Antizionismus" dann, wenn – wie dies ein früherer sozialdemokratischer Volksanwalt mir gegenüber nach ein paar „Glaserln" bei Heurigen verkündete – die israelische Armee mit der Wehrmacht des NS-Staates gleichgesetzt wird.

Erfreulicherweise findet sich in Wien auch eine rasch wieder auflebende jüdische Kulturszene von bemerkenswertem Niveau und großer Vielfalt. Die großartigen Konzerte der jüdischen Chansonnière Timna Brauer sind ebenso ausgebucht wie die Führungen ihres Vaters, des berühmten Kunstmalers Arik Brauer, im Privatmuseum seiner Villa. Es gibt eine Vielzahl von Ausstellungen und Lesungen im Wiener Jüdischen Museum und der „Tel Aviv Beach" am Ufer des Donaukanals erfreut sich immer größerer Beliebtheit, im zweiten Bezirk, dem traditionellen jüdischen Stadtviertel, gibt es immer mehr jüdische Restaurants und koschere Lebensmittelgeschäfte – eine erstaunliche Renaissance der jüdischen Bevölkerung von Wien, die vor dem Krieg rund 206 000 Personen (mehr als zehn Prozent der gesamten Einwohnerschaft Wiens) umfasst hatte und heute lediglich mit 13 000 beziffert wird.

„SEIEN SIE DEM ÖSTERREICHER NICHT BÖSE"

Der Österreicher raunzt gerne – über alles und jedes, auch über sein eigenes Land, seine Stadt (Wien) und damit letztlich auch über sich selbst. Karl Kraus behauptete zwar: „Nichts da, ich bin kein Raunzer; mein Haß gegen diese Stadt ist nicht verirrte Liebe, sondern ich habe eine völlig neue Art gefunden, sie unerträglich zu finden." Der Pessimist und Zyniker Georg Kreisler („Alles hat zwei Seiten, eine schlechte und eine noch schlechtere") hat in seinem Buch „Wien – die einzige Stadt der Welt, in der ich geboren bin" sämtliche Illusionen über die Donaumetropole im Keim erstickt. Während Friedrich Torberg das Wiener Kaffeehaus als „geistigen Raum eines untergegangenen Lebensstils" definierte, lästert der gnadenlose Tabubrecher und Klischeezerstörer Kreisler: „Niemand geht gern ins Kaffeehaus. Man geht nur ins Kaffeehaus, wenn man hinbestellt wird oder wenn man sonst absolut nichts zu tun hat, also aus Langeweile. Außerdem sind alle Kaffeehäuser hässlich." Das stimmt natürlich ganz und gar nicht. Aber dem Grantler geht es nicht um ausgewogene und faire Urteile, sondern ums Schimpfen als Selbstzweck: „Der Österreicher ist von Natur aus dagegen", sagte Hans Weigel. Und meinte damit: gegen alles. Prinzipiell.

Der Wiener Selbsthass ist dem Schweizer fremd und somit auch unbegreiflich. Doch wehe man stimmt als Ausländer in diese negativen Tiraden ein – dann wendet sich der ganze Hass um 180 Grad und richtet sich gegen den kritischen ausländischen Kommentator. Also lassen wir am besten den Österreichern, speziell den Wienern, den Selbsthass: „Und richtet sich die Welt zugrund, mir san ja mir bekanntlich und so richten wir's uns selbst – zugrund!", schrieb Karl Kraus bitterböse und Hans Weigel doppelte später nach: „Seien Sie dem Österreicher nicht böse, denn das besorgt er selbst schon in mehr als ausreichendem Maße." Weigel lebte in Wien und Maria Enzersdorf – außer in den Jahren 1938 bis 1945: Da lebte er in der Schweiz, als „Emigrant" (wie man hierzulande die Flüchtlinge aus dem NS-Reich beschönigend zu nennen hat). Im Nachbarland mag er sich die mittlerweile so gefragte „Außensicht" auf Österreich, den satirischen Blick auf die Heimat erworben haben. Österreich lässt sich von selbstkritischen Österreichern nur mit einem treffsicheren Schuss Selbstironie und von ausländischen Beobachtern satirisch bewältigen. Der in Bremen geborene Claus Peymann, der von 1986 bis 1999 das Wiener Burgtheater leitete, wusste, wovon er sprach: „Österreich ist eine Komödie, die nicht einmal ich inszenieren könnte."

In meiner journalistischen Tätigkeit als Auslandskorrespondent in Wien wurde mir immer wieder von weltoffenen Österreichern gesagt, wie willkommen, ja notwendig doch diese „Sicht von außen" sei. Verbirgt sich hinter der freundlichen Aufforderung, die mitunter doch recht skurrilen Vorgänge in Österreich fair, aber kritisch zu kommentieren, das Anliegen, die Dinge im eigenen Land aus der Perspektive des Ausländers schärfer und objektiver zu sehen – oder schwang da der Wunsch mit, das insgeheim vom kundigen Ausländer sehnlichst erhoffte Lob zu hören?

Die Feststellung, dass in Österreich doch nicht alles gar so schlimm sei, wie es immer wieder (und meistens von den Österreichern selbst) gesagt wird? Ich erhalte nach jedem meiner Wochenkommentare in den „Vorarlberger

Nachrichten" Leserzuschriften. Die meisten sind positiv, teils gar voll des Lobes – aber es finden sich immer wieder ein, zwei negative Leserbriefe darunter. Ich habe nichts gegen Kritik an meiner eigenen kritischen Haltung, ganz im Gegenteil, aber bei diesen negativen Zuschriften fällt eines auf: Keine einzige lässt sich auf eine sachliche Diskussion ein. Es sind ausnahmslos Beschimpfungen, Invektiven wie: „Zum Kotzen!" oder „primitive Verbalinjurien eines offensichtlich sprachlichen Proleten erster Güte" oder „unverschämtes und rüpelhaftes Benehmen aus der untersten unjournalistischen Schublade". Das ist durchaus ok – aber kein konstruktives Argument und nicht einmal der Versuch einer sachlichen Diskussion. Man ist anderer Meinung, vertritt die entgegengesetzte politische Haltung, aber man ist nicht willens oder auch nicht fähig, sich mit den im jeweiligen Kommentar vertretenen Auffassungen ernsthaft auseinanderzusetzen.

Diese Reaktionen aus der Leserschaft scheinen mir ziemlich symptomatisch für die österreichische Diskussionskultur, für die fehlende Tradition einer wirklich sachlich-konstruktiven Auseinandersetzung. Es wird verbal zugeschlagen, aber nicht wirklich argumentiert. Aber gut, das es auch andere Leser-Zuschriften gibt – wie diese: „Guten Tag, Herr Ritterband! Ich danke Ihnen für Ihre Kommentare in der VN und ich danke auch der Chefredaktion, die das ermöglicht. Großartig!" Sowas hört man immer mal wieder gern.

Konstruktive Kritik von außen sei, so wurde mir während meiner 17 Korrespondentenjahre in Wien Woche für Woche eingeredet – sie sei unbedingt notwendig und folglich sehr erwünscht. Vom unverdächtigen Schweizer lässt man sich das auch jederzeit gerne gefallen –, von den deutschen Kollegen, den ungeliebten „Piefkes“, eher weniger. Dass der despektierlich gebrauchte Übername der deutschen Nachbarn vermutlich auf den preußischen Militärmusiker Johann Gottfried Piefke zurückgeht, hat seine historische Bewandtnis: Hatte doch dieser Ur-Piefke den „Königgrätzer Marsch“ komponiert – zu Ehren des folgenreichen preußischen Sieges über die Österreicher in der Schlacht bei Königgrätz am 3. Juli 1866 (sie führte unter anderem unausweichlich zum Ausgleich mit Ungarn im Dezember 1867). Jener Marsch, obwohl ziemlich berühmt, wurde bisher definitiv noch nie ins Programm des Neujahrskonzerts im Goldenen Saal des Wiener Musikvereins aufgenommen. Verständlicherweise.

GROSSMANNSSUCHT UND SELBSTVERZWERGUNG

Wie sagte doch Egon Friedell so treffend? „Über Österreich zu schreiben ist schwer – was wird das Ausland dazu sagen?“ Erhoffen sich die Österreicher vom hier niedergelassenen Ausländer Kritik oder Lob? Eigentlich beides. Denn die Österreicher schwanken zwischen zärtlicher Selbstverliebtheit und abgrundtiefem Selbsthass. Klar ist: Die Österreicher wollen geprügelt werden. Aber es darf keinesfalls wehtun. Denn gleichzeitig wollen die Österreicher auch „von allen geliebt werden“, wie der frühere Vizekanzler Erhard Busek einmal gesagt hat. Das verwirrt den über Österreich schreibenden Ausländer unvermeidlich.

Christian Ultsch, der Leiter des Außenpolitik-Ressorts der Wiener Tageszeitung „Die Presse“, diagnostiziert die chronischen Gemütsschwankungen der Österreicher als „mentale Phantomschmerzen einer versunkenen Weltmacht", das „kollektiv-unbewusste Mickrigkeitsgefühl des verbliebenen Rests". Das österreichische Selbstbewusstsein, stellt Ultsch treffend fest, oszilliere „zwischen Kleinmut und Großmannssucht, zwischen Minderwertigkeitskomplexen und Größenfantasien". Österreich unterschätze oder überschätze sich selbst. Nur richtig schätze es sich selten ein. Das österreichische Selbstwertgefühl sei jedenfalls „nicht ganz stabil". Österreich habe seit 1918 reichlich Zeit gehabt (abgesehen von jenen „sieben unerquicklichen Jahren verbrecherischen Größenwahns"), sich mit seiner Kleinheit abzufinden, schreibt Ultsch. Doch blähe sich die Sehnsucht nach Bedeutung und Größe regelmäßig auf, „interpunktiert allerdings von intensiven Phasen der Selbstverzwergung".

In einem Fall tat das grundsätzlich erwünschte Prügeln des Österreichers allerdings sehr weh, obwohl und weil es einer der ihren war, der da hemmungslos drauflosprügelte: Thomas Bernhard. Er sei seiner Heimat Österreich „in einer Art echter Hassliebe" verbunden, sagte er einmal in einem Interview – und diese sei „letztlich der Schlüssel zu allem", was er schreibe. Hier haben wir es: Hass und Liebe ergibt Hassliebe – Prügeln und Streicheln. Bernhard legte seinen Figuren Äußerungen über Österreich in den Mund, deren ätzende Schärfe sich mit nichts vergleichen lässt, was je über dieses Land geschrieben wurde: Eine „geist- und kulturlose Kloake" sei Österreich, die in ganz Europa ihren penetranten Gestank verbreite, sagt der Protagonist des Stückes „Heldenplatz", das noch 1988 einen Riesenskandal auslöste und heute wohl kaum jemanden vom Sessel reißen würde. „Grotesk minderbemittelt und unzurechnungsfähig" heißt es im „Theatermacher" – „Wo wir auch hinkommen Missgunst, niederträchtige Gesinnung, Fremdenfeindlichkeit, Kunsthass". Die Hauptfigur des Stückes, der „Staatsschauspieler" Bruscon, nennt Österreich eine „Senkgrube in der Eiterbeule Europas"; der Österreicher sei hinter der Maske der Liebenswürdigkeit „der niederträchtigste und schamloseste und eben dadurch der verlogenste" – der „geborene Opportunist". Im Roman „Auslöschung. Ein Zerfall" stellt der Protagonist Franz-Josef (!) Murau fest, „das Österreichische" bestehe in einer verhängnisvollen Mischung zweier totalitaristischer Systeme – des Katholizismus und des Nationalsozialismus. Bernhard selbst nennt die Österreicher ein Volk ohne Vision, zwar durch und durch musikalisch, aber unter dem Einfluss des Katholizismus absolut ungeistig, ohne Inspiration, ohne Intelligenz und ohne Charakter, sie lebten in einem „Freilichtmuseum für ordinäre Touristen". Schärfer und gnadenloser kann ein Schriftsteller den abgrundtiefen Hass auf sein Herkunftsland nicht formulieren; von der Komponente „Liebe" ist da wenig zu spüren. Und dennoch: Wenn Thomas Bernhard in den Wiener Theatern auf dem Programm steht, sind sie immer noch zum Bersten voll, obwohl Bernhard-Stücke längst keine Skandaltreiber mehr sind. Abgesehen von der hervorragenden, geradezu musikalischen Prosa und dem verdeckten Humor in diesen Stücken – wozu lassen die Österreicher diese hasserfüllten Tiraden über sich ergehen? Vermitteln ihnen diese Texte am Ende eine Art Lustgewinn? Lautet die Diagnose Masochismus? Oder können die Österreicher am Ende doch über sich selbst lachen? Ich möchte es ihnen wünschen.

Thomas Bernhard einen Nestbeschmutzer zu nennen, wie dies hunderttausendfach getan wurde, sagt jedenfalls

mehr über das Nest aus als über den Beschmutzer. Karl
Kraus brachte es auf dem Punkt: „Ich bin der Vogel, den
sein Nest beschmutzt."

Aber es gibt auch eine andere österreichische Strategie
als die Selbstironie, um der Häme des Auslands und dem
Selbsthass des Inlands wirksam zu begegnen: das unge-
hemmte Selbstlob. Der Philosoph Peter Strasser beispielsweise tut dies simultan in der „NZZ" und in der Kultur-
zeitschrift „DU": „Österreich ist ein überdurchschnittlich
schönes, sympathisches, geistreiches Land mit hoher, ja
höchster Kultur und einer Demokratie, die bestens funktioniert." Solche Elogen über das eigene Land (in das der
Autor nach eigener Aussage unbedingt reisen möchte, falls
er nicht schon da wäre) wirken durchaus erquickend nach
den Giftkaskaden eines Thomas Bernhard. Allerdings –
auch Gegengift ist Gift.

Dass aber Österreich im Grunde doch eine kleine, lie-
benswerte und vor allem harmlose Alpenrepublik sei,
versuchte der von der Bundesregierung finanzierte und
mit gigantischem Aufwand in alter Schwarz-Weiß-Hol-
lywood-Tradition gedrehte, originellerweise als „Sci-
ence-Fiction"-Film getarnte Propagandafilm „1. April
2000" aus dem Jahr 1952 zu veranschaulichen. Der Film
ist ein Kuriosum – was er in Wirklichkeit zeigt, ist weniger,
wie intendiert, die kollektive Unschuld als mehr die Verlogenheit und Selbstverliebtheit, verkörpert vom stets her-
zig-weinerlichen Kammerschauspieler Josef Meinrad (der
ja, wie so viele, verschämt seinen Namen eingedeutscht
hatte, denn ursprünglich hieß er Moucka). Und da in Österreich wenig oder gar nichts ohne innere Widersprüche
existieren kann, hatte man für diese staatlich geförderte
Selbstbeweihräucherung gleich den richtigen Mann ge-

funden, um sich von der Vereinigung mit Nazideutschland wirkungsvoll zu distanzieren: den deutschen Regisseur Wolfgang Liebeneiner, der kurz zuvor noch im Auftrag des Reichspropagandaministers Josef Goebbels Propagandafilme gedreht hatte. Einer davon hatte das verbrecherische „Euthanasie"-Programm des NS-Staates zu rechtfertigen. Das muss man sich auf der Zunge zergehen lassen: Österreich beauftragt einen genuinen NS-Regisseur damit, der Welt die eigene Unschuld cineastisch vor Augen zu führen. Und die Welt schluckt das widerstandslos.

HAI, HASE, HUBER

Eigentlich sollte den Begriffen „Grant" und „Grandezza" – dem Spannungsfeld dieses Essays – ein weiterer hinzugefügt werden: „Groteske". Denn grotesk ist hier manches. Meine direkt aus England importierte Lebenspartnerin, die viel Sinn für (vor allem unfreiwilligen) Humor hat, bemerkte kürzlich, es sei schon erstaunlich, wie denn die prominentesten Politiker dieses Landes in der Übersetzung ihres so gern verwendeten „Google Translate" heißen: Bundespräsident „Mr. Barking", Premierminister „Mr. Short" und Oppositionsführer „Mr. Mushroom". Eine muntere Gesellschaft. Kreidebleich kehrte sie allerdings von einem Spaziergang durch die Innenstadt nach Hause: „Tanks!", rief sie verstört, das ganze Stadtzentrum sei voller Panzer. Ob die extreme Rechte noch vor der Regierungsbildung die Macht übernommen hätte und jetzt, ausgerechnet am Wiener Heldenplatz, wo sich doch schon vor Jahrzehnten ominöse Dinge abgespielt hätten, Panzerfahrzeuge auffahren lasse? Und noch dazu nur drei Wochen, nachdem im ganzen Land alle Alarmsirenen minutenlang aufgeheult hätten. Ich beruhigte sie. Das mit den Panzern sei ganz normal an jedem 26. Oktober, im friedliebenden kleinen Österreich – man feiere auf diese Weise das Inkrafttreten des friedlichen Neutralitätsbeschlusses von 1955. Das neutrale Nachbarland Schweiz, Vorbild der österreichischen Neutralität, feuert ebenfalls, was das Zeug hält: allerdings nicht aus Panzern, sondern mit Feuerwerksraketen. Dazu gibt es bei den Eidgenossen Kinderumzüge mit Lampions, Bratwürste und öde Politikerreden. Aber weit und breit keine Panzer. Dabei bekennen sich die Schweizer doch zur „bewaffneten Neutralität".

Über einen Mangel an grotesken Pointen braucht sich der Journalist in Österreich niemals zu beklagen. Beispielsweise: Da gab es den mittlerweile klassischen Fall, in dem rund tausend Polizisten mobilisiert wurden, um eine Handvoll Punks, die ein leer stehendes Haus in der Wiener Innenstadt okkupiert hatten, zu vertreiben. Die Aktion war, man sollte es nicht für möglich halten, erfolgreich – und dem Hausbesitzer wurde der (von diesem allerdings nicht angeforderte) spektakuläre Großeinsatz auf Euro und Cent genau in Rechnung gestellt, die er dann auch prompt nie bezahlt haben soll.

Apropos Polizei: Da schritt doch kürzlich die Polizei entschlossen gegen einen Haifisch in der Wiener Innenstadt ein. Natürlich war der Haifisch kein Haifisch, sondern ein kostümierter Werbeträger der Firma McShark. Der Mann, beziehungsweise Haifisch, wurde von den Ordnungshütern ultimativ aufgefordert, sein Haifischkostüm abzulegen. Was dieser nicht tat, denn als Hai, nicht als Mensch, verdiente er ja sein Geld. Worauf die Polizei einschritt und dem Geschäftseigentümer ordnungsgemäß eine Ordnungsstrafe aufbrummte – nachdem der Hai sich zu guter Letzt doch noch dazu herbeiließ, sich in ein menschliches Wesen zurückzuverwandeln.

Die Geschichte ist skurril, aber sowohl politisch als auch menschlich durchaus bemerkenswert. Menschlich: Die Polizei legte Wert auf die Feststellung, dass ihr Einschreiten nicht aufgrund „eigener dienstlicher Wahrnehmung" erfolgt sei, wie sie in perfekt gehandhabtem Beamtendeutsch formulierte. Sie sei aktiv geworden, weil „eine Person" die Polizei „wegen eines Vermummten" gerufen habe. Für dieses Phänomen, das man technisch als „Denunziation" bezeichnen könnte, gibt es, weil es sich bei der Wiener Bevölkerung einer besonderen Beliebtheit erfreut (und besonders in den Jahren nach 1938 erfreute), eine hübsche altwienerische Bezeichnung: „Vernaderung". „Naderer" klingt entschieden sympathischer als das deutsche „Spitzel" – fast wie eine traditionsreiche Wiener Berufsgattung.

Den von Denunzianten auf den Plan gerufenen Ordnungshütern war jedenfalls, wie könnte es anders sein auf dieser Insel der Seligen, kein gefährlicher Islamist ins Netz gegangen, sondern ein Haifisch – und noch dazu ein falscher. Doch die Ordnungsmacht beschränkte sich nicht auf den grimmigen Hai, sondern richtete sich auch – denn vor dem Gesetz sind ja bekanntlich alle gleich – gegen einen harmlosen hellblauen Hasen mit großen Kulleraugen namens „Lesko", seines Zeichens offizielles Parlamentsmaskottchen. Besagter Lesko war gerade mit einer Schar Kinder auf der Ringstraße unterwegs – Ziel der Aktion war es, unter dem Motto „Demokratiewerkstatt" unter der Ägide des merkwürdigen Hasen den Kindern die Demokratie nahezubringen. Dass sich die Ordnungsaktion ausgerechnet gegen das Maskottchen jener Institution richtete, das neun Tage zuvor die Grundlage für derartige Aktionen geschaffen hatte, entbehrt nicht eines gewissen Charmes, Wiener Charmes.

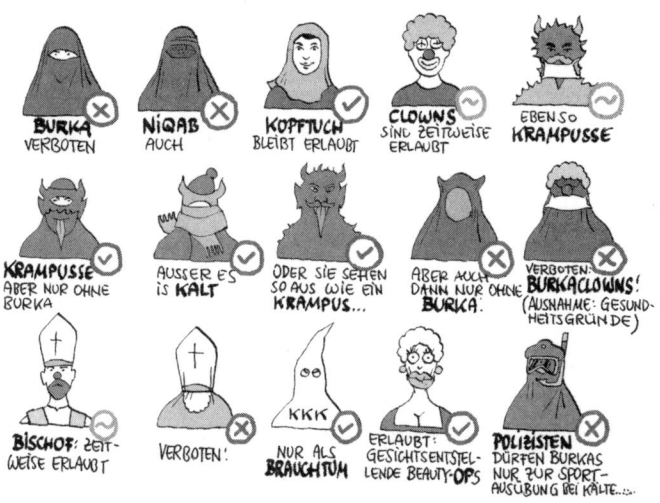

Mein Gott! Is doch nicht sooo schwierig!

Seit dem 1. Oktober 2017 ist das Bundesgesetz über das Verbot der Verhüllung des Gesichts in der Öffentlichkeit in Kraft. Es gilt an öffentlichen Orten und in öffentlichen Gebäuden. Zuwiderhandlungen können Geldstrafen in der Höhe bis 150 Euro nach sich ziehen. Mit all seinen Grauzonen, Komplikationen, Widersprüchen und ungeklärten Grenzfällen hat das Gesetz umgehend Satiriker und Karikaturisten auf den Plan gerufen und sie zu kreativen Höhenflügen inspiriert. Allzu vielen Ganzkörper-Burkas bin ich jedenfalls in Österreich noch nicht begegnet, aber ich war zugegebenermaßen schon lange nicht mehr in

Zell am See. Dennoch hat das Verhüllungsverbot zahllose Fragen aufgeworfen: Was tun mit den vielen asiatischen Touristen, die sich mit Gesichtsmasken vor den exotischen europäischen Bakterien schützen? Wie ist jenen Musikern am Wiener Karlsplatz zu begegnen, die sich einen Eselskopf übergestülpt haben, um ihrem Auftritt zusätzliche Attraktivität zu verleihen? Erlaubt, solange Musik erklingt, strafbar, sobald diese aufhört? Was, wenn ein Chirurg mit aufgesetzter grüner Operationsmaske plötzlich aus dem Operationssaal auf die Straße eilt? – Unwahrscheinlich, aber theoretisch möglich. Was mit Bräuten, die sich fürs Hochzeitsfoto vor dem Rosenbeet im Park mit züchtigen Schleiern verhüllen, was ist mit den beliebten Sternsingern, die sich die Gesichter schwärzen und sich als Heilige Drei Könige verkleiden – noch dazu aus dem ohnehin schon suspekten Morgenland? Was, wenn sich Radfahrer mit dicken Schals gegen die berüchtigten eisigen Wiener Winterwinde schützen? Bereits wurde ein Vorfall bekannt, bei dem eine harmlose Radfahrerin von der Polizei gestoppt und aufgefordert wurde, sich des wärmenden Schals zu entledigen.

Ich hege allerdings den Verdacht, das Verhüllungsverbot diene vor allem einem Zweck – wohl eher nicht der Befreiung unterdrückter, weil vollverschleierter Musliminnen, dafür aber der Identifizierbarkeit des Bürgers mittels der auch hier immer häufiger installierten staatlichen Überwachungskameras. Apropos, dazu fällt mir folgende Geschichte ein: Der Pfarrer und der Rabbi, alte Studienfreunde (wie in unzähligen ähnlichen Anekdoten), gehen im Hochsommer auf eine Wanderung. Es ist glühend heiß. Da kommen sie an einen Teich. „Lass uns da 'reinspringen", schlägt der Rabbi vor. „Wir haben aber keine Badehosen dabei", wendet der etwas konservativere Pfarrer ein. „Macht doch nix", antwortet der Rabbi. „Gehen wir doch einfach so ins Wasser – da ist ohnehin weit und breit niemand und wir kennen uns seit Jahrzehnten." Gesagt – getan. Doch da nähert sich eine Gruppe von Wanderern und just am schönen Ufer lassen sie sich zum Picknick nieder. Die beiden Theologen werden unruhig, denn bald geht der Zug, der sie zurück in die Hauptstadt bringen soll. Also verlassen sie das kühle Nass, bedeckt jeweils nur mit einem Taschentuch. Der Pfarrer hat es um seine Lenden gelegt, bemerkt jedoch, dass der Rabbi damit sein Gesicht verhüllt. „Weshalb dort?" fragt der Pfarrer den Rabbi verdutzt. „*Mich* erkennt man in meiner Gemeinde am Gesicht", antwortet der Rabbi.

Eine weitere Farce ereignete sich im Sommer vor den Parlamentswahlen auf dem Ballhausplatz, zwischen Hofburg und Kanzleramt, wo sich eine Baustelle auftat, von deren Zweck niemand gewusst haben will. Es stellte sich heraus, dass es sich um die Errichtung von fünf jeweils acht Meter langen und 80 Zentimeter hohen Betonblöcken handelte, die irgendwo in den undurchdringbaren Tiefen der Behörden und Ämter, in die selten ein Lichtstrahl dringt, in Auftrag gegeben wurden und ohne Wissen der Regierung – deren höchster Exponent, Bundeskanzler Christian Kern, den Bauarbeitern in den glühend heißen Augusttagen zwar höchstpersönlich Wasser gereicht, aber von dem immerhin 1,5 Millionen Euro kostenden Projekt nichts gewusst haben will. Insbesondere dann, als die allgegenwärtige „Kronen Zeitung" ihr Feuer auf Kern richtete und (sekundiert von der FPÖ) bemängelte, dass sich zwar die Regierung gegen Terror schütze, aber die täglich von Touristenscharen bevölkerte Fußgängerzone der Terrorgefahr ungeschützt ausgeliefert bleibe. Wie üblich: Die „Krone" befahl, die Regierung gehorchte widerspruchslos und brach die Barrikaden wieder ab. Stattdessen wurden an drei Standorten Poller errichtet. Ganz offiziell diesmal.

Angesichts dieser mitunter etwas hilflos anmutenden Versuche, angesichts der Herausforderungen unserer Zeit (Terrorismus, Islamismus, Klebstoff) das Richtige zu tun, kommt mir der dem Grafen Albert Eltz aus Altaussee zugeschriebene Spruch in den Sinn: „Manchmal geschieht auch in Österreich das Richtige, aber leider fast immer unabsichtlich."

Politisch ist die Sache interessant, weil die Regierung noch ganz rasch, nämlich genau zwei Wochen vor den überaus wichtigen Nationalratswahlen am 15. Oktober 2017, das Verhüllungsverbot erlassen hatte, aufgrund dessen die hier geschilderte Aktion erfolgte. Während übrigens die österreichische Regierung im Oktober 2017 das Burka-Verbot in Kraft gesetzt hat, ermöglichte die deutsche Regierung des Nachbarlandes Deutschland die gleichgeschlechtliche Eheschließung. Das sagt doch schon manches über die doch eher unterschiedliche Mentalität (und politische Grundtendenz) der beiden Nachbarstaaten aus.

Die politische Stoßrichtung des Verhüllungsverbotes jedenfalls war offensichtlich. Den österreichischen Wähler kann man am besten an seiner empfindlichsten Stelle packen: seinen Ängsten. Denn er wählt nicht eine Partei, weil er diese Partei oder deren Programm will – ihn treibt die Angst. Angst weniger vor bösen Terroristen (die spielen im kollektiven Unbewussten des Österreichers eine untergeordnete Rolle, zumal hier der letzte Terroranschlag relativ weit zurückliegt). Nein, wovor die Österreicher am meisten Angst haben, sind nicht die automatischen Waffen, die Selbstmordanschläge und die mit Lastautos die Passanten in Europas Fußgängerzonen niedermähenden IS-Terroristen.

Die wahltaktisch verwertbaren Ängste der Österreicher wurden im Wahlkampf-Werbespot der Freiheitlichen (FPÖ) sehr plastisch dargestellt: „Die Hubers". Wie die Hubers situiert sind, beziehungsweise was sie zu verlieren haben, wird bereits im Vorspann deutlich – ein schmuckes, zweistöckiges Haus im Grünen, über dem stolz eine überdimensionierte österreichische Flagge flattert: solider Mittelstand. Frau Huber schreckt aus ihrem Schlaf, weil sie Geräusche im unteren Stock vernimmt – und weckt sofort ihr ahnungslos schnarchendes „Hasi". Tatsächlich – da hat es sich eine ganze Menge Leute (Migranten, wie der Zuschauer unschwer errät) gemütlich gemacht, die es sich auf Kosten der Hubers gut gehen lassen und ihren Kühlschrank leeren: „Hasi, wieso sind da überall Leute?", fragt die erschreckte Ehefrau. Jetzt erst sperrt „Hasi" die Tür zu – eine hinlänglich konkrete Anspielung auf die rot-schwarze Regierungskoalition, die erst nachträglich auf den Zustrom von Migranten und Flüchtlingen reagiert und die Türen schließt, wenn es längst zu spät ist und die unerwünschten Besucher alle schon drin sind und hemmungslos das österreichische Sozialsystem plündern – während doch die FPÖ das Problem schon zwei Jahre zuvor beim Namen genannt habe.

Den Österreichern geht es nicht allzu schlecht. Man könnte sogar sagen: Es geht ihnen gut. Beim weltweiten Vergleich der Netto-Geldvermögen beispielsweise steht Österreich an 17. Stelle – zwar deutlich hinter Ländern wie der USA, der Schweiz, Japan, Schweden und Singapur, aber doch knapp vor Deutschland. Der Österreicher wählt weniger die Partei, die ihm ein besseres materielles Dasein verspricht, er wählt die Partei, welche ihm zu gewährleisten scheint, dass die andere, verhasste Partei nicht an die Macht kommt. Der SPÖ-Wähler legt seine Stimme weniger für die Sozialdemokraten als gegen die ÖVP oder die FPÖ ein – und umgekehrt. Den Wähler treibt eine tief verwurzelte, nämlich in den bürgerkriegsähnlichen Februarkämpfen von 1934 geprägte Angst vor den „Roten" oder den „Schwarzen", er will verhindern: die Neuauflage der rot-schwarzen Koalition oder der schwarz-blauen Koalition. Und dazwischen hat er noch die Grünen aus dem Parlament gejagt. Der Österreicher ist ein Meister der politischen Farbenspiele.

Vor allem wählt der Österreicher jene Partei, die ihm zu garantieren scheint, dass keine ungeladenen Gäste sich an seinem wohlerworbenen Wohlstand gütlich tun. Deshalb verzeichneten die beiden am stärksten mit ihrem Anti-Ausländer- und Anti-Flüchtlingsprogramm konkurrierenden Parteien, die von Sebastian Kurz im Handstreich übernommene und vom düsteren Schwarz auf hoffnungsvolles Türkis umgefärbte ÖVP und natürlich H.-C. Straches rechtspopulistische Freiheitliche, bei den Nationalratswahlen vom 15. Oktober 2017 derart große Zuwächse. Die Angst der Österreicher war ihr stärkster Verbündeter. Den Erfolg allerdings mussten sie sich teilen. Armin Thurnher sieht die Motive der „Rechtswähler" nicht nur in Angst, sondern auch in Protest: „Unsere Rechte wählen wir aus Protest, denn die kommt eh nicht an die Macht", legt er den FPÖ-Wählern in den Mund. Diesmal aber kam die Rechte an die Macht – weil es keine realistische Alternative gab. Und genau das ist die heutige Tragödie Österreichs:

Es gibt keine Alternative. Die große Koalition hat abgewirtschaftet, die Sozialdemokraten sind implodiert, genauso wie die Grünen. Was das aber bedeutet: eine Koalition, die man nicht unbedingt will, die man aber hinnimmt, weil es keine plausible Alternative gibt. Das macht mich skeptisch für die nächsten fünf Jahre Türkis-Blau.

DER BÖSE RADARZWERG
VON PAYERBACH

Nach der unseligen Silberstein-Affäre waren die „Roten" ziemlich erledigt – am Wahltag lagen sie zeitweise sogar auf dem dritten Platz, unter jene der Freiheitlichen, um dann am Ende, als Bruchlandung gewissermaßen, doch noch auf dem zweiten Platz zu landen. Was ist denn auch von einer Partei zu halten, die nicht nur mit den Wahlversprechen „Wohlstand" und „Sicherheit", sondern drittens auch „Gute Laune" auf Wählerfang geht? „Gute Laune"? Selten hat sich eine Partei ein merkwürdigeres Wahlversprechen auf ihre Fahnen geschrieben. Darüber könnte man noch lachen – das Lachen blieb einem aber beim Schlachtruf „Holen Sie sich, was Ihnen zusteht!" im Halse stecken. „Zusteht"? Wem steht was zu – und mit welchem Recht? Und das „Holen" ist ein aggressiver Akt. Man holt sich etwas, was einem nicht gehört und ohne den Besitzer des Geholten um Erlaubnis zu fragen – mit Gewalt. Das lässt vor dem inneren Auge wie in einem Historienfilm Massenszenen aus der Russischen oder Französischen Revolution abrollen, wo das hungernde Lumpenproletariat die Paläste der Reichen anzündet und „sich holt, was ihm zusteht". Aber, bitteschön, das ist das superreiche Österreich im Jahr 2017 und nicht das revolutionäre Frankreich oder Russland der verarmten Massen!

Vermutlich waren den Leuten, die jenen auch parteiintern umstrittenen Slogan (der dann in „Damit Sie bekommen, was Ihnen zusteht" unerheblich abgemildert wurde) erfunden hatten, diese historischen Zusammenhänge überhaupt nicht bewusst. Eine Konstante zwischen damals und heute scheint es allerdings zu geben: Die Österreicher scheinen ein sicheres Gespür dafür zu haben, was ihnen – vonseiten des allumsorgenden Staates – „zusteht". Vor allem jene, die sich als zu kurz Gekommene empfinden. Das ist typischerweise das FPÖ-Wählerpotenzial.

Während sieben von zehn ÖVP-Wählern im Jahr 2017 Österreich für ein gerechtes Land halten, verhält sich dies, wie Umfragen belegten, bei den FPÖ-Wählern genau umgekehrt. Diese 70 Prozent waren auch das Wählerpotenzial, das die SPÖ mit dem Aufruf ködern wollte, sie seien legitimiert, sich „zu holen", was ihnen – gegründet worauf auch immer – „zustehe". Die Österreicher fühlen sich berechtigt, vom Vater Staat bedingungslos umsorgt und beschenkt zu werden. Jener bedenkliche Slogan ist ein Reflex des österreichischen Allfürsorgestaates, der dem Bürger alles Lebensnotwendige kostenlos zu Füßen legt: gute Schulen, funktionierende Spitäler, verlässliche öffentliche Verkehrsmittel und noch dazu die Frühpensionierung. Das weckt Erwartungen. Und Begehrlichkeiten.

„Dem" Österreicher – bewusst unter Anführungszeichen, denn ich habe hier sehr, sehr viele wunderbare, freundliche, kompetente und hilfsbereite Menschen kennengelernt – wird eine ganze Reihe negativer Eigenschaften angedichtet. Empirisch lassen sich diese natürlich nicht verifizieren – aber in bald zwei Jahrzehnten erlebt man so einiges, verhärtet sich so manches Klischee, bewahrheitet sich so manche kaum zufällig entstandene Redewendung. Der Schweizer gilt – genauso ein Klischee – als zwar trocken, aber gradlinig. Er sagt einem die Wahrheit ins Gesicht und greift, falls er dies tut, von vorne an. Nicht so „der Österreicher".

Die einschlägige, hier sehr oft benutzte Formel lautet „jemandem das Hackl ins Kreuz hauen". Also hinterrücks angreifen. Das ist hier tatsächlich nicht ganz unüblich. Ein Symbol für diesen kulturellen Missstand ist der (nun leider verschwundene) Radarzwerg von Payerbach. Mitten in dieser herrlichen, wildromantischen, mich stets an Arthur Schnitzler und seine Welt erinnernden Landschaft befindet sich dieser nostalgisch angehauchte „heilklimatische Kurort" mit seinen 2000 Einwohnern. Fuhr man früher von Gloggnitz Richtung Reichenau und Rax, passierte man einen sympathischen, bunt bemalten Zwerg am Straßenrand. Ein originell aufgetakelter Hydrant? Mitnichten. Der Blick in den Rückspiegel belehrte den Automobilisten eines Besseren – nur war es dann meist schon zu spät: Der kleine bunte Wicht an der Hauptstraße in Payerbach war nämlich der böse Radarzwerg. Anderswo (zugegebenermaßen nicht in der Schweiz, was mich schon einiges an „Bußen" gekostet hat) werden Radarfallen deutlich markiert. In England und Schottland sind sie mit rot-weißen Schraffierungen auffällig gekennzeichnet, in Italien sind es leuchtend orange Pfosten, die nachts blinken und untertags mit dem Konterfei eines behelmten, stilisierten Polizisten auf sich aufmerksam machen. Nicht so in Österreich: Da sind Radarfallen noch wirkliche Fallen und das Freiwild, der Autofahrer, geht ihnen leicht in die Falle – und das freut die Polizei, die dann kassiert. Nicht dass der Autofah-

rer, wie in England und Italien, wegen der unübersehba-
ren Radargeräte seine Geschwindigkeit drosselt und damit
die Unfallquote reduziert – hier soll er möglichst rasant am
Zwerg vorbei, damit die Kasse klingelt. Üble Motivation.
„Hackl im Kreuz."

Oder auf einem burgenländischen Parkplatz, neben
dem Esterházy-Schloss: Drei Euro sei der Nachttarif, heißt
es unmissverständlich auf der Parkuhr. Also wirft man ein
und geht erwartungsvoll ins Konzert. Bei der Rückkehr
grüßt ein Strafzettel mit einer Strafe in beachtlicher Höhe
unter der Windschutzscheibe: Parken sei nur bis 22.00 Uhr
erlaubt, gemäß Parkschein – man hätte offenbar den ganz
bestimmten Knopf auf dem Parkautomat drücken müssen, wenn man es denn hätte wissen können. Es genügte
nicht, den korrekten Betrag eingeworfen zu haben.

Es beginnt der schriftliche Verkehr mit der zuständi-
gen Behörde, auch dem Bürgermeister wird ein höflicher
Brief geschrieben (den dieser selbstverständlich ignoriert).
Stattdessen kommen die Drohungen: Erhöhung der Strafe, dann gerichtliches Strafverfahren. Als Nächstes meldet
sich die Inkasso-Mafia. Die Strafhöhe steigt mit jedem
Brief exponentiell, wilde Drohungen mit Gerichten bis
hin zu Enthauptung, Vierteilung und Scheiterhaufen werden ausgesprochen. Alles wegen drei Euro. Die ich ja brav
eingeworfen hatte. Derartige Drohungen wirken mit Be-
stimmtheit bei den autoritätsgläubigen Österreichern, die
man mit Fegefeuer und Ähnlichem während Jahrhunder-
ten das Fürchten gelehrt hat. Es wirkt nicht bei mir, dem
obrigkeitsskeptischen Schweizer. Ich ignoriere ganz einfach sämtliche Drohbriefe und freue mich über die fan-
tasievollen Eskalationsvarianten. Und richtig: Der Spuk
verschwand, wie er gekommen war. All die furchtbaren

Drohungen lösten sich in nichts auf. Man muss eben nur standhaft bleiben und darf sich nicht einschüchtern lassen.

Zu den „typisch" österreichischen Eigenheiten gehört nicht nur das „Hackl im Kreuz", sondern, ebenfalls hinterrücks, die „Vernaderung". Anderswo heißt das, etwas vornehmer, Denunzierung. Aber in Österreich hat der Begriff „vernadern", besonders gerne praktiziert unter der NS-Herrschaft, historische Ursprünge: Staatskanzler Metternich, der bereits im Revolutionsjahr 1848 den totalen Überwachungsstaat einzuführen versuchte, stützte sich dafür auf den Leiter der Polizei- und Zensurhofstelle Sedlnitzky. Dieser hielt sich ein kleines Heer von sogenannten „Naderern", welche die Aufgabe hatten, Bürger auszuspionieren und verdächtige Äußerungen zur Anzeige zu bringen.

Eine recht prominente „Vernaderung" samt „Hackl im Kreuz" widerfuhr mir als langjährigem Österreich-Auslandskorrespondenten der „Neuen Zürcher Zeitung". Bei einem meiner Besuche in der Redaktion in Zürich zeigte man mir eher verwirrt einen handgeschriebenen Brief des früheren Bundeskanzlers Wolfgang Schüssel an den Chefredakteur der „NZZ", in dem sich dieser über meine – ihm nicht genehme – Österreich-Berichterstattung beschwerte. Der Brief hatte für mich keine weiteren Konsequenzen, war aber eine eindrückliche Erfahrung: Offenbar hatte sich Schüssel vom Wiener Korrespondenten Hofberichterstattung und nicht kritisches Denken erhofft. Da musste ich ihn leider enttäuschen.

DIE LANGE REISE NACH
KATSCHICKISTAN

„Tschick" bedeutet auf Österreichisch Zigarettenstummel bzw. Kippe und kommt vom italienischen „cicca". Im Oktober 2007 rief die österreichische Gesundheitsministerin Andrea Kdolsky (die nicht in die Geschichte eingegangen ist) die auf keiner Weltkarte eingezeichnete „rauchfreie Republik Katschickistan" aus. Während der amerikanische Präsident Trump heutzutage sofort seinen Generalstab mit Invasionsplänen gegen die Republik Katschickistan beauftragen würde, lagen die Dinge zu Kdolskys Zeiten noch völlig anders. Das Ausland nahm kaum Notiz von der obskuren Republik und auch in Österreich war dem gut gemeinten, aber wenig erfolgreichen Gag nur wenig Aufmerksamkeit beschieden. Gaststätten und Kaffeehäuser rauchfrei zu machen, galt, damals im Jahr 2007, noch als Utopie einiger Fantasten. Originelle Idee – genützt hat sie allerdings nichts. Denn der Tschick ist chic.

In praktisch allen 35 OECD-Mitgliedsländern wird seit der Jahrtausendwende ein Rückgang des Raucheranteils an der Gesamtbevölkerung (Rückgang von über 25 Prozent auf 18,4 Prozent) registriert. Unrühmliche Ausnahmen bilden Lettland, Griechenland und Österreich: In diesen Ländern steigt die Zahl der Raucher weiter an. Während im OECD-Durchschnitt täglich 18,4 Prozent zum Glimmstengel greifen, sind es in Österreich deutlich mehr – 24,3 Prozent. Nur Griechenland ist noch verraucher: 27,3 Prozent. 27 Prozent der 12- bis 18-jährigen Burschen rauchen, bei den Mädchen sind es gar 29 Prozent.

Anzeige der Österreich Werbung

Kein Zweifel: Die OECD konstatiert, Österreich hat die laschesten Gesetze zum Schutz der Nichtraucher. Denn, nicht wahr, das ist ja gerade das Schöne an Österreich: Während in meinem Geburtsland Schweiz mit ihrer Gradlinigkeit etwas entweder erlaubt ist oder verboten (meine englische Partnerin allerdings präzisiert, was in der Schweiz nicht ausdrücklich erlaubt sei, das sei verboten) – so ist es in Österreich anders: Verboten ist vieles. An sich. Aber *wirklich* verboten ist eine Sache nur, wenn sie „*streng verboten*" ist. Aber was ist denn schon in Österreich streng verboten? Als ich kürzlich in die wunderbare Wiener Hauptbücherei kam, marschierte hinter mir eine Frau mit einem Hund an der Leine hinein und am Schalter vorbei geradewegs in den Leseraum, ohne anzuhalten oder sich auch nur umzuschauen. „Sind denn hier Hunde erlaubt?", fragte ich die Bibliothekarin (wohl in der Vorfreude darauf, das nächste Mal mit meinen beiden Pudeln hier Einzug zu halten). „Nein", lautete die knappe Antwort der Bibliothekarin, ehe sie sich einer anderen Kundin zuwandte.

Oder ein anderes Beispiel: In der Argentinierstraße im vierten Bezirk wird es zunehmend schwieriger, einen Parkplatz zu finden. Der vor der syrischen Botschaft Wache haltende Polizist sah schweigend meinen vergeblichen Bemühungen zu, rückwärts in eine dann doch zu enge Parklücke zu manövrieren. Schließlich überquerte er die Straße, grüßte und schlug freundlich vor: „Warum foan's net da hinten hinein in die Parklück'n?" Ich, typisch Schweizer, wandte sofort ein, dass die Argentinierstraße doch eine Einbahnstraße sei – und rückwärts bis zu jener Parklücke zu fahren, das gehe doch nicht. „I schau ja eh weg", gab der freundliche Polizist zur Antwort. Aber damit nicht genug. Aus lauter Rührung parkte ich mein Auto nämlich vor einer Einfahrt, die ich – da ich seit vier Jahren gleich um die Ecke wohne – allerdings kennen sollte. Kaum zu Hause angekommen, läutete mein Telefon: „Hier Polizei. Fahren'S doch sofort weg, Sie steh'n vor einer Einfahrt und werden demnächst abgeschleppt." Ich eilte sofort wieder auf die Straße, an besagtem Polizisten vorbei, und fragte ihn so en passant, wie er denn meine Telefonnummer kenne. „Wissen wir eben", sagte dieser mit einem kaum wahrnehmbaren, aber unübersehbar triumphierenden Lächeln. Der Überwachungsstaat hat auch seine Vorzüge: Eines Morgens um sieben (also mitten in der Nacht) läutete es an der Tür, die Pudel bellten, was das Zeug hielt, ich öffnete und vor der Tür standen zwei höfliche Polizisten: „Ihr Autofenster auf der Beifahrerseite ist offen. Machen

Sie es besser zu. Und berichten Sie uns (der Polizeiposten ist gegenüber unserer Haustür), falls etwas fehlt."

Auch das ist Österreich: Die Dinge sind nicht nur nicht verboten, falls sie nicht streng verboten sind – die Polizei kann hierzulande ihre sprichwörtliche Rolle als „Freund und Helfer" durchaus wahrnehmen und wohl auch mal ein Auge zudrücken – vorausgesetzt … vorausgesetzt, dass man ihre Autorität mit einer subtil austarierten Mischung aus Selbstachtung und Unterwerfung respektiert.

Doch zurück zu den Rauchern: *Austria is special*. Und wird es, wenn es nach der Regierungspartei FPÖ geht, weiterhin bleiben. In allen 28 EU-Mitgliedsstaaten sind Rauchverbote in Kraft. Selbst das in vielen Dingen als erzkonservativ verschriene Irland beispielsweise hatte schon vor 13 Jahren ein generelles Rauchverbot in öffentlichen Räumen in Kraft gesetzt. Und während die Italiener längst diszipliniert (und keineswegs unglücklich – doch, ganz ehrlich, wann sind Italiener schon wirklich unglücklich?) ihr Nikotinlaster auf kleinen Tischchen vor dem Ristorante, der Trattoria oder der Bar ausleben und dabei angeregt plaudern, hat der Gast manch eines gehobenen Wiener Restaurants einen dicht gewobenen Rauchvorhang zu durchschreiten, bevor er, bereits ziemlich eingeräuchert und nikotinisiert, Zuflucht im rauchfreien Gastraum findet. Verirrt er sich in eine Raucherbar, so hat er ohnehin keine Chance, dem Qualm zu entkommen.

Sebastian Kurz, Lichtgestalt und Zukunftshoffnung, hat seine erste happige Niederlage eingefahren. Dass die ÖVP, die ja seinerzeit das nunmehr abgesagte totale Rauchverbot in der Gastronomie für Mai 2018 mitbeschlossen hatte, vor der FPÖ in die Knie ging, ist zwar ein bedenkliches Zeichen der Schwäche, aber die Haltung des österreichischen Staates in dieser Frage ist ohnehin zwiespältig, um nicht zu sagen, schizophren: Einerseits belasten die Raucher das Gesundheitssystem – andererseits kassiert dieser Staat 1,8 Milliarden Euro jährlich an Tabaksteuern. Klingt hoch, aber die Kosten sind noch höher: Sie übersteigen die Einnahmen um 511 Millionen Euro. Und Raucher sterben zwar früher als die meisten anderen Bürger – doch sie hinterlassen Witwen (und Witwer), für deren Pension der Staat aufzukommen hat.

Der ÖVP steht nicht nur der fordernde Verhandlungspartner FPÖ mit gezücktem Burschenschaftersäbel („Schläger") gegenüber – ihr sitzt auch die Wirtschaft im Nacken. Die Stellungnahme des Obmanns im Fachverband Gastronomie der Wirtschaftskammer Österreich machte mich schaudern – mit ihrem ausgesprochen rüden Tonfall und vor allem dem zynischen Inhalt: Gastronomiebetriebe seien nicht für Gesundheitsvorsorge zuständig, sagte er eiskalt, sondern dafür, Gästen Gemütlichkeit zu bieten.

Klar, unbestreitbar. Auch können wir Gäste natürlich frei entscheiden, wo wir unser Bier gemütlich trinken und unser Wienerschnitzel verzehren – ob lediglich im Duft von abgestandenem Frittieröl oder zusätzlich in frischem Zigarettenqualm. Bei den Angestellten liegen die Dinge etwas anders. Viele, vor allem jene aus Osteuropa, können da nicht einfach mir nichts, dir nichts die Stelle wechseln. Das Risiko von Lungenkrebs bei Passivrauchern, die rund 50 karzinogene Stoffe einatmen, ist nachweislich 20 bis 30 Prozent höher als in einem rauchfreien Ambiente, bei Herzinfarkt liegen die Werte gar zwischen 25 und 35 Prozent – selbst wenn der Betroffene sich nur Minuten in einem verrauchten Raum aufhielt. Doch die Rauchzeichen werden ignoriert. Hierzulande. In England brachte schon vor Jahren ein tragischer Fall die ganze Nation zum Umdenken: Der legendäre englische Jazz-Trompeter und Tänzer Roy Castle starb 1994 an Lungenkrebs. Er war Nichtraucher. Er war in verrauchten Jazz-Bars aufgetreten. Als Castle seine Diagnose erhielt, die sein Todesurteil wurde, glaubte noch niemand an akute Lebensgefahr durch Passivrauchen. Heute weiß das jeder. Oder sollte es wissen.

In Österreich fließt, wie gesagt, der Alkohol in Strömen und der Nikotinrauch dringt aus allen Ritzen – doch trotz ihres ungesunden Lebensstils werden die Österreicher überdurchschnittlich alt. Die Lebenserwartung des Durchschnittsösterreichers steigerte sich seit dem Jahr 1970 um nicht weniger als elf Jahre – auf respektable 81,3 Jahre. Älter werden nur noch die zähen Japaner (83,9 Jahre) und auch die stolzen Spanier und die genügsamen Schweizer mit jeweils 83 Jahren. Etwas muss also doch dran sein, am legendären österreichischen Lebensstil mit Wein, Weib und Gesang. Das liegt wohl an der Qualität der Gesundheitsversorgung (mit 5,1 pro 1000 Einwohnern die zweithöchste Ärzterate unter den OECD-Ländern), an der Qualität der Luft und des Wassers. Eigentlich müsste man sich die Österreicher als glückliche Menschen vorstellen. Sind sie das?

Irgendetwas wird hier in dieser Nation immer noch verdrängt. Ist das der Grund, weshalb der Österreicher weit mehr als andere zum Glas greift? Laut der neuesten Statistik der OECD ist Österreich weltweit nahezu Rekordhalter, was den Alkoholkonsum betrifft – Herr und Frau Österreicher trinken sich mit umgerechnet 12,3 Liter reinem Alkohol auf den dritten Platz in der Statistik, knapp hinter Litauen und Belgien – aber unmittelbar vor dem legendären Weinland Frankreich. Der OECD-Durchschnitt nimmt sich mit neun Litern pro Person im Vergleich zu Österreich geradezu bescheiden aus; die Norweger, die ja im Ruf tüchtiger Aquavit-Trinker stehen, kommen trotz langer, düsterer, kalter Winternächte lediglich auf sechs Liter, also weniger als die Hälfte der lebensfrohen Österreicher.

MIT BESTEN GRÜSSEN AUS DEM JENSEITS

„Ihr Mann ist tot und lässt Sie grüßen", richtet der Zyniker Mephistopheles lakonisch der (von dieser Nachricht eher wenig erschütterten) Kupplerin Marthe Schwerdtlein aus, während der Doktor Faust mit wohlgesetzten Worten sein etwas naives Gretchen bezirzt – mit desaströsem Ausgang, wie wir alle wissen. Liebe und Tod. Die Grundelemente allen menschlichen Daseins. Nicht nur in Goethes Faust – auch im Wienerlied. Und dort ganz besonders.

Wer meint, dass Gregor Samsas Verwandlung zu einem riesigen Insekt, einem „ungeheuren Ungeziefer", ausschließlich bei Franz Kafka vorkommt, der mache einen Spaziergang durch den idyllischen Weinort Gumpoldskirchen, südlich von Wien. Ganz oben, gegenüber vom Schloss, findet sich ein sehr merkwürdiges Denkmal: Es stellt nicht ein menschliches Wesen dar, sondern unverkennbar ein Insekt – nämlich eine gigantische, den ahnungslosen Wanderer bedrohlich fixierende Reblaus. Im Gegensatz zu Gregor Samsa war die Sache beim Filmschauspieler und Wienerlied-Interpreten Hans Moser genau umgekehrt: Er hielt sich nämlich für die Reinkarnation einer Reblaus, zumal er, wie er feststellte, den Wein nicht trinke, sondern beiße. Seelenwanderung nach Wiener Art.

Abgesehen vom Wein, der selbstverständlich in jedem Wienerlied in Strömen zu fließen hat, geht es in der musikalischen Offenbarung der Wiener Seele um zwei weitere Grundelemente des menschlichen Daseins: die Liebe und den Tod – möglichst in Kombination. Eifrig geliebt und gestorben (und tüchtig gezecht) wird ja auch in der Oper, man denke nur an „La Bohème" oder „La Traviata". Und vielleicht ist deshalb Wien, wo es, weltweit wohl einzigartig, nicht weniger als vier hervorragende Opernhäuser gibt, nicht nur die Welthauptstadt der Musik, sondern vor allem auch der Oper. „Wein, Weib und Gesang" ist eine typisch wienerische Sache – nicht umsonst der Titel eines der beliebtesten Walzer (Opus 333) von Johann Strauß Sohn, der kaum in einem Neujahrskonzert im Goldenen Saal des Wiener Musikvereins fehlen darf. Das Skurrile daran ist, dass der Titel dieses im katholisch-lebenslustigen Wien so bekannten Walzers eines Komponisten mit jüdischen Ursprüngen ausgerechnet auf ein Wort des deutschen Reformators Martin Luther zurückgeht: „Wer nicht liebt Wein, Weiber und Gesang, der bleibt ein Narr sein Leben lang." Das hätte man dem gestrengen Herrn Luther eigentlich kaum zugetraut.

Freiherr von Goethe wird auch in jenem alten Wienerlied erwähnt, das meine Großmutter immer wieder so gerne sang, von dem sie sich allerdings nur an den so poetischen Refrain erinnern konnte: „... das hat ka Goethe g'schrieben, das hat ka Schiller 'dicht, s'is von kan Klassiker und kan Genie, das is a Weana, der zu aner Weanarin spricht und s'is halt doch so voller Poesie …"

Der 1922 in Wien geborene Berufspessimist Georg Kreisler verbannte die Liebe allerdings nach Frankreich und verwies Wien in die Domäne des Todes: „Der Tod, das muss ein Wiener sein, genau wie die Lieb a Französin. Denn wer bringt dich pünktlich zur Himmelstür? Ja, da hat nur der Wiener das G'spür dafür." Ist es jene poetisch verklärte Todessehnsucht, die den Wiener in die vielfach besungenen Nikotin- und Alkoholexzesse treibt?

Und ist es ein Zufall, dass der Todestrieb gerade in Wien entdeckt wurde – von Sigmund Freud, der sich eilig aus Wien fortzumachen hatte, um dem (durch den Todestrieb der Wiener begünstigten) Tod in der Gaskammer eines Konzentrationslagers zu entgehen. Manche seiner Familienmitglieder schafften es bekanntlich nicht, sich in die Sicherheit des Auslands zu flüchten – vier von Sigmund Freuds fünf Schwestern wurden 1942 in Konzentrationslagern ermordet. Genauso wie manche Nachkommen des „Ariers" Johann Strauß. Immerhin hinterließ Freud seinen todesverliebten Wiener Landsleuten einen angemessen zynischen Abschiedsgruß – nicht aus dem Jenseits, sondern aus London: „Ich kann die Gestapo jedermann aufs Beste empfehlen." Freud hat die Nazis knapp überlebt und genoss noch zu Lebzeiten Weltruhm. Bei anderen klappt das nicht so reibungslos: „In Wien musst erst sterben, dass sie dich hochleben lassen", sagte Helmut Qualtinger.

In Wien jedenfalls ist, Kreislers Unkenrufen zum Trotz, nicht nur für den Wein, sondern auch für die Liebe ausgiebig gesorgt – nicht nur in den mehr oder weniger verrufenen „Laufhäusern" an der Peripherie, sondern, wesentlich stilvoller, auch im elegant-plüschigen „Hotel Orient" im

Herzen der Stadt – „ein Ort, an dem Sehnsüchte gestillt und wieder neu entfacht werden, ein ums andre Mal". In dem vielleicht berühmtesten Stundenhotel der Welt kann man bereits für 77 Euro eine „kleine Suite mit Badewanne" für drei Schäferstündchen mieten, während der Liebeshungrige für ein paar schöne Stunden in der „Kaisersuite" (wo angeblich bereits Franz Joseph I. zugange war), in der Suite „Tausend und eine Nacht" oder bei „Engerl & Bengerl" schon 95 Euro hinzublättern hat – 180 Euro für eine ganze Liebesnacht. Das Personal für selbige hat der Gast allerdings selbst zu organisieren. Wer hier eincheckt, so die Hausregel, „bleibt anonym. Bloß keine Namen". Pseudonyme sind akzeptiert und durchaus üblich.

Das traditionsreiche „Orient", das auf eine Schenke aus dem 17. Jahrhundert zurückgehen soll, war oft Schauplatz von Filmen („Der dritte Mann") und natürlich von Aufführungen der Stücke Arthur Schnitzlers. Dass „Liebelei" – die der Duden als „kurze, unverbindliche Liebesbeziehung" definiert – Titel und Thema des ersten Bühnenerfolgs (und vielleicht berühmtesten sowie auch wienerischsten) Theaterstücks des Arthur Schnitzlers ist, kann kein Zufall sein. Das frivol-tragische Schauspiel wurde 1895 am Wiener Burgtheater uraufgeführt und steht bis heute regelmäßig auf dem Spielplan der Wiener Sprechbühnen. Sigmund Freud nannte Schnitzler seinen „Doppelgänger" und meinte damit die Seelenverwandschaft zu dem jüdisch-großbürgerlichen Dramatiker. Wie in den Werken Freuds waren auch in Schnitzlers Dramen Liebe und Sexualität zentrale Themen.

Wien wird oft als „Walzerstadt" bezeichnet und der Wiener Walzer ist tatsächlich der älteste unter den Gesellschaftstänzen – erstmals wurde er nämlich im Jahr 1797 erwähnt. Der Walzer war schon bald als lasziver Tanz verrufen, denn gerade beim Linkswalzer war die Berührung besonders innig und dadurch geriet Wien als frivole Stadt in Verruf. Erst recht durch die immer noch bei sämtlichen Bällen obligate Mitternachtsquadrille, bei der es jeweils auch die Figur des „Damenraubs" gibt und man die Dame gegenüber ungestraft ein paar erregende Sekunden während einer 180-Grad-Drehung um die Hüfte fassen darf. Nicht umsonst definierte George Bernard Shaw den Tanz als „perpendicular expression of a horizontal desire" – „der vertikale Ausdruck einer horizontalen Begierde". Das gilt zweifellos für den Tango Argentino, aber gewiss auch für den Wiener Walzer (und die Mitternachtsquadrille).

In ländlichen Regionen und insbesondere auf den Almen geht es naturgemäß etwas weniger formell zu als auf den Bällen der Haupt- und Residenzstadt Wien, was die Liebe und deren Erscheinungsformen betrifft. Auf der Alm gebe es, behaupten die Österreicher zur großen Freude erwartungsvoller Touristen, „ka Sünd'" – wobei man den Begriff „Sünd'" etwas genauer definieren müsste. Keineswegs sündig, sondern im Gegenteil „de rigeur", also unbestreitbar landesüblich, sind die bezaubernden Dirndln in den Almhütten und auch den alpinen Fünfstern-Hotels, deren Ausschnittstiefe nach geheimnisvollen, dem Ausländer völlig undurchschaubaren Kriterien stark variiert.

Eindeutig empirisch erfassbar ist jedoch die Korrelation zwischen der Höhe der umgebenden Berge und der Tiefe jener Ausschnitte – denn der grandiose Ausblick in felsige Höhen wäre ohne die prachtvollen Einblicke in verlockende Tiefen völlig undenkbar. Meine bereits mehrfach zitierte englische Partnerin fand die Dirndln zwar generell

„charming" (und erwog ernsthaft, sich eines im Second-handshop anzuschaffen) – die kühnen Ausschnitte jedoch, die in der alpinen Bekleidungs- und Offenbarungstradition beim authentischen Dirndl völlig unverzichtbar sind, fand meine Engländerin dann doch „absolutely shocking". Jedenfalls, so erklärte sie, würde jede Frau, der vom Arbeitgeber eine derartige Arbeitsuniform aufgenötigt würde, in ihrer Heimat sofort und ohne Zögern vors Arbeitsgericht gehen – und selbstverständlich recht behalten.

Dass auf der Alm die Sitten definitiv etwas lockerer sind als im Wiener Ballsaal, darauf deutete die Schiefertafel hin, die ich kürzlich mitten auf der Skipiste von Saalbach-Hinterglemm in der „urigen" „Berger-Alm" entdeckte: Da wurde neben anderen „Schnapserln" auch der hochprozentige „Haxnspreizer" angeboten. Was das wohl wieder bedeuten mag? Vermutlich das, was die Engländer etwas dezenter „leg over" nennen – obwohl meine englische Partnerin diesen Ausdruck nie in den Mund nehmen würde, vermutlich. So viel zur Liebe. Jetzt aber rasch wieder zum Tod.

Über den Rennweg, wo laut Staatskanzler Metternich der Balkan beginnt, führt uns die Straßenbahnlinie 71 – im Volksmund mitfühlend „Witwenexpress" genannt – vom prachtvollen Schwarzenbergplatz mit seinem „Russendenkmal" hinter dem Hochstrahlbrunnen nach Simmering, diese Vorhölle in ihrer fast schon infernalischen Hässlichkeit, und direkt zu den vier mächtigen Toren, die ins Reich des Todes führen – dem Zentralfriedhof. Es gibt schon zu denken, dass es in Wien mehr Tote als Lebendige gibt. Denn den Zentralfriedhof bewohnen weit über drei Millionen Tote – also siebenmal mehr als Zürich an Lebenden aufzuweisen hat.

Ob der Zentralfriedhof tatsächlich doppelt so lustig ist wie Zürich, wie immer wieder behauptet wird, wage ich dann doch zu bezweifeln. Pro Jahr kommen 20 000 hinzu – Platz ist auf dem 2,5 Quadratkilometer umfassenden Gelände, das sogar eine eigene Eisenbahnstation und eine eigene Buslinie aufweist, mehr als genug. Zu Allerheiligen kommen 300 000 Wiener hierher, um ihrer Toten zu gedenken. „Es lebe der Zentralfriedhof und alle seine Toten", besang im Jahr 1975 Wolfgang Ambros diese zweitgrößte Begräbnisstätte der Welt. Eine sinnreiche Erfindung – eine riesige Rohrpostanlage, in der die Toten per Druckluft auf den Zentralfriedhof befördert worden wären statt umständlich auf der Straße – schlugen 1874 ein gewisser Franz von Felbinger und sein Geschäftspartner Josef Hudetz der Wiener Stadtverwaltung vor. Das aufwendige Projekt hätte eine Million Gulden gekostet und wurde daher nie realisiert.

Für André Heller stellt der Wiener Zentralfriedhof als „Aphrodisiakum für Nekrophile" schlechthin die Synthese von Liebe und Tod dar. Zu einer Zeit war allerdings der Zentralfriedhof eine Stätte der Lebenden und nicht der Toten – als nämlich die Wiener Juden durch die Gesetze des NS-Staates aus den öffentlichen Parkanlagen verbannt wurden und ihre Sonntagsspaziergänge auf den kiesbedeckten Wegen zwischen den Grabsteinen in der jüdischen Abteilung des Zentralfriedhofs zu absolvieren hatten: eine makabre Vorwegnahme des grausamen Schicksals, das vielen von ihnen drohte – eigenes Grab auf diesem Friedhof, lediglich mit der Inschrift „pro memoriam", eingemeißelt auf einem fremden Grabstein.

Und wie immer, wenn die Juden nichts zu lachen haben, erzählen sie sich Witze. Auf ihren unfreiwilligen

Spaziergängen durch den Zentralfriedhof mögen sie sich beispielsweise folgende Geschichte erzählt haben: Rosenblatt liegt im Sterben. Mit schwacher Stimme ruft er nach Sarah, seinem noch relativ jungen Weib: „Sarah, zieh dir dein schönstes Abendkleid an, deinen kostbarsten Schmuck und streich dir die teuerste Kosmetik ins Ponem (Gesicht)." Sara kommt der Bitte nach, wundert sich aber über das doch eher unpassende Anliegen. Rosenblatt erklärt: „Schau, der Tod wird kommen, so oder so. Aber vielleicht, wenn er dich in all deiner jugendlichen Pracht sieht, wird er dich holen und mich liegenlassen."

Der Trick nützte nichts, der Tod holte kurz darauf den Rosenblatt. Am nächsten Tag sprach ein entfernter Verwandter beim Rabbi vor: „Schau, Rabbi, ich muss die Beisetzung vom Rosenblatt organisieren. Könntest du die Leichenrede halten?" – „Selbstverständlich", antwortet der Rabbi, „ich hätte da eine, die ist so erschütternd, dass alle in Schluchzen ausbrechen – die ganze Familie, sogar die Sargträger." – „Und wie viel soll das kosten?", fragt der Besucher. „Hundert Zloty." – „Ach, das ist viel zu viel. Hättest du nicht eine günstigere?" – „Da wäre noch eine für fünfzig Zloty, auch ziemlich bewegend, und zumindest die näheren Angehörigen werden ihre Taschentücher zücken, das kann ich versprechen." – „Auch das ist mir zu viel. Schau, der Rosenblatt war ein Cousin dritten Grades und ich kannte ihn kaum. Gibt es nicht eine wirklich billige Grabrede?" Der Rabbi kann seinen Unmut kaum verbergen. „Da hätten wir noch die Rede für zehn Zloty", sagt er, schon sichtlich ungeduldig. „Aber die hat schon einen leicht humoristischen Einschlag."

Leichenreden folgen stets der Maxime „de mortuis nil nisi bene" – über Tote solle man nur Gutes sagen. Analog gilt das auch für Grabsteine – auf diesen sind grundsätzlich nur positive Dinge eingemeißelt. Da schlendern zwei Juden auf einem ihrer zwangsläufigen Spaziergänge durch die jüdische Abteilung des Zentralfriedhofs. Plötzlich bleibt der eine vor einem besonders pompösen Marmor-Grabstein stehen und liest laut vor: „Moritz Silberstein. Ein frommer Jude. Ein wohltätiger Mensch. Ein treuer Gatte." Der Besucher schüttelt missbilligend das Haupt: „Geschieht ihm ganz recht, dem miesen alten Silberstein, dass sie ihn mit drei wildfremden Menschen in dasselbe Grab gelegt haben!"

Gegenüber von Tor 2 findet sich ein ganz anderer Friedhof, auf dem keine Menschen ihre letzte Ruhestätte finden, sondern deren vierbeinige oder gefiederte Lieblinge. Hier ruhen, oft unter prunkvollen Marmorsteinen oder gar in säulenbestanden Grabmälern, mit herzzerreißend rührenden Grabinschriften gewürdigt, „Burli", „Stubsi", „Mitzi" und „Rocky" oder „Diablo" und „Verdi". Vor Weihnachten sind manche Gräber liebevoll mit Miniatur-Christbäumen und Plastik-Nikoläusen geschmückt. Auch eine kleine Abdankungshalle steht bereit für die verstorbenen Haustiere, die wahlweise in Gräbern oder Urnen beigesetzt oder kremiert werden können. Ein schwarz gekleideter Pfarrer steht auf Abruf zur Verfügung und hält auf Wunsch eine einfühlsame Predigt, um den „Abschied von unseren liebsten Mitgeschöpfen in Würde" zu vollziehen, wie es in der Broschüre des städtischen Tierfriedhofs taktvoll heißt.

Von hier ist es nur eine kurze Fahrt zur – neben dem Zentralfriedhof – meistbesuchten historischen Begräbnisstätte Wiens: dem im Biedermeier angelegten Sankt Marxer Friedhof, im Wiener Volksmund liebevoll „Würmerlpark" genannt, auf dem 1791 Mozart irgendwo in einem sogenannten Schachtgrab beigesetzt wurde – jedenfalls nicht unter dem so kitschig-schön gestalteten Grabdenkmal, das Wien-Touristen als Grab des Wunderkindes Mozart eingeredet wird. Umso ergötzlicher, weil authentische Zeitzeugnisse, sind die zahllosen gut erhaltenen Grabinschriften, die selbstbewusst noch im Tod auf den sozialen Status der Verstorbenen hinweisen: Da liegen die „Hauseigenthümers Gattin" Barbara Dechant aus der Leopoldstadt, die „bürgl. Rauchfangkehrermeistersgattin" Elisabeth Mayer, der k. k. Hoffriseur Johann Schabat, ein gewisser Carl Marek „Edler von Marchthal", der „bürgl. Handelsmann" Franz Schröder – „bieder, sanft und edel, geliebt von Allen". Der Erfinder der Nähmaschine, Joseph Madersperger, liegt seit 1850 unter einem schmiedeeisernen Kreuz und der berühmte Praterunternehmer Basilio Calafati wurde hier im Jahre 1878 beigesetzt.

Und weil ja der Tod ein Wiener und ihm demnach nicht zu trauen ist, weiß selbst ein Toter nie ganz genau, ob er denn wirklich und für alle Ewigkeit tot ist. Deshalb hat ein gewisser Johann Nepomuk Peter eine sinnige Einrichtung erfunden – eine Alarmglocke für Scheintote, die einst hier, am Marxer Friedhof installiert gewesen sein soll: War der Tote im Sarg wider Erwarten doch nicht wirklich tot, konnte er mittels einer am Handgelenk befestigten Schnur den Friedhofswärter im Haus des Totengräbers alarmieren.

Nichts deutet mehr darauf hin, dass der Friedhof vor Kriegsende 1945 Schauplatz von Kämpfen zwischen der Roten Armee und einer SS-Einheit wurde – doch die Ruhe des idyllischen Ortes wird brutal durch die Stadtautobahn A23 gebrochen, auf der Autos und Lastwagen unmittelbar über den alten Grabsteinen dahindonnern.

Doch der berührendste Ort, an dem der Tod in Wien in seiner ganzen Melancholie in Erscheinung tritt, ist der Friedhof der Namenlosen – just dort, wo sich Donaukanal und Donau wieder zusammenfinden, wie Geschwister, die sich verloren und dann wiedergefunden haben. Der Friedhof liegt am Alberner Hafen, am Hafen des Wiener Bezirksteils Albern – man denkt da unwillkürlich an die Bedeutung der Wörter „Albernheit" und „herumalbern": Doch dieser Ort mit seiner grenzenlosen Trostlosigkeit hat weder etymologisch noch atmosphärisch mit „Albernheit" etwas zu tun. Seit jeher hatte die Strömung hier, wo der Fluss eine leichte Rechtsbiegung macht, die leblosen Körper von Ertrunkenen oder Verzweifelten, die sich das Leben genommen hatten, angeschwemmt. Anfänglich verscharrten Jäger oder Fischer die unbekannten Toten unter Laub und Erde, ab 1820 legten ein paar barmherzige Uferbewohner hier einen winzigen Friedhof an. Der alte Friedhof, an dem 478 „Opfer des Stromes" liegen, wurde aufgelassen und verlegt – die Gebeine jener Unglücklichen befinden sich immer noch dort.

Längst führt der heutige „Friedhof der Namenlosen" kein verborgenes Dasein mehr – mit seinen einheitlich schlichten Grabkreuzen und seinen mehr als bescheidenen Dimensionen ist er die Antithese zum Zentralfriedhof mit seinen pompösen Marmortempeln, die an bedeutende Persönlichkeiten und reiche Familien erinnern sollen. Über dem Ort scheint ein unheimlicher, rätselhafter Zauber zu liegen, man würde sich nicht wundern, hier zur Dämmerstunde auf Geister und Hexenmeister zu stoßen.

Ein poetisch veranlagter Graf von Wickenburg dichtete auf einer schwarzen Tafel am Rand des Friedhofs – offensichtlich inspiriert vom sehr besonderen Spiritus Loci:

„Still ist's in den weiten Auen, selbst die Donau ihre blauen Wogen hemmt, denn sie schlafen hier gemeinsam, die, die Fluten still und einsam angeschwemmt. Alle, die sich hier gesellen, trieb Verzweiflung in der Wellen kalten Schoß. Drum die Kreuze, die da ragen, wie das Kreuz das sie getragen, ‚namenlos'."

Unter vielen der gußeisernen Kreuze steht „namenlos" oder auch, statt eines Namens, „unvergesslich". Rührend, wie liebevolle Unbekannte an die Grabkreuze der ebenfalls Unbekannten bunte künstliche Blumen gesteckt oder abgegriffene, vom Regen durchnässte Spielzeuge befestigt haben: rosa Plastikmonster oder einst flauschige Teddybären. Unter den Kreuzen Blumentöpfe mit längst verdorrten Planzen. Das erschütterndste Grab trägt ein Schild, auf das nur ein Name – ein Kosename – geschrieben wurde: „Sepperl". Nichts sonst. Keine Daten, kein Familienname, keine Erklärung zu den Umständen des Todes dieses Knaben. Denn dass hier ein Kleinkind begraben wurde, darauf deuten die zahlreichen Spielsachen hin, die wahllos zwischen dem vermodernden Laub liegen.

Der Tod in Wien hat viele Facetten – prunkvolle und rührende, großartige und erschütternde, aber auch ungehemmt brutale: so zum Beispiel die sogenannte Wiener Gesera im März 1421, die Ermordung von 92 Wiener Juden und 120 Jüdinnen auf der „Gänseweide" in Wien-Erdberg auf Befehl des Herzogs Albrecht V. – nur sechs Kilometer vom späteren „Friedhof der Namenlosen" entfernt. Und nur wenig mehr als ein halbes Jahrtausend nach diesem Massaker hielt das Mittelalter in seinen mörderischsten Erscheinungen erneut Einzug in Wien, als am 9. und 10. November 1938 die „Novemberprogrome" – euphemistisch „Reichskristallnacht" genannt – abgehalten wurden. Da wurde nach Herzenslust gemordet, gebrandschatzt, geraubt, gequält. Tausende Wiener Juden wurden unmittelbar nach den Pogromen in Konzentrationslager verschleppt, Zehntausende sollten folgen: Auftakt zu den Massenmorden der Nazis – tatkräftig, jubelnd und mit hemmungsloser Raff- und Raubgier unterstützt von unzähligen begeisterten Österreichern. Der Tod, das muss ein Wiener sein.

GRÜSS DICH, HERR BOTSCHAFTER – GENOSSE HERR DOKTOR

In Kreisen der Diplomatie und hochgestellter Beamten wird immer noch eine Tradition gepflegt, die mich als Schweizer erst verwunderte und dann belustigte: „Du, Herr Botschafter", „Du, Herr Hofrat" – eine skurrile Ausdrucksweise, die wie so vieles andere auch auf die Monarchie zurückgehen soll und eine Mischung von korrekt-respektvoller Titelbezeichnung und dem vertraulichen „Du" aus adligen Kreisen darstellt. Und das war offenbar nicht nur in adligen Kreisen so: Leo Bronstein alias Leo Trotzki berichtete amüsiert aus seinem Wiener Stammcafé, dem „Zentral": „Im alten, kaiserlichen, hierarchischen, betriebsamen und eitlen Wien titulierten die Marxisten einander wonnevoll mit ‚Herr Doktor'. Die Arbeiter redeten die Akademiker oft mit ‚Genosse Herr Doktor' an." Aus der Zeit, als die Revolutionäre im Exil den Umsturz im zaristischen Russland vorbereiteten, stammt auch eine köstliche Anekdote: Der österreichische Politiker Heinrich Graf Clam-Martinic soll auf die Nachricht vom Ausbruch der Oktoberrevolution 1917 ungläubig mit dem Ausruf reagiert haben, „Ja, wer soll denn in Russland Revolution machen? Vielleicht gar der Herr Bronstein aus dem Cafe Central?"

… fertig ist die österreichische Identitäts-Suppe!

Der österreichische Mensch ist von unschlagbarer Herzlichkeit, wenn er – in Tirol beispielsweise – ein Hotel betreibt, auch kann er durchaus sympathisch wirken, wenn er vor dem sprichwörtlichen „Glaserl" sitzt und mit glasigem Blick über die Welt philosophiert. Der österreichische Mensch ist aber von fast unschlagbarer Widerwärtigkeit, wenn er hinter einem Schalter irgendeiner Behörde sitzt, von der übrigen Menschheit und namentlich seinen Untertanen abgeschirmt durch eine Glasscheibe, verbarrikadiert hinter einem unüberwindlichen Schalter. Dann wird er (oder sie) zu einem stets grantigen kleinen Herrscher von Gottes Gnaden, der mit absolutistischem Gehabe über sein kleines Reich herrscht – so, als ob das große Reich, die Monarchie, nie untergegangen wäre.

Dieser Glasscheibe und dem dahinter sitzenden Machthaber nähert sich der (wie man hier gerne sagt) „gelernte Österreicher" wohlweislich mit einer subtil austarierten Mischung von Selbstbewusstsein und Demut. Man signalisiere: Ich bin wer, habe womöglich einen Doktortitel und hinter mir eine hochangesehene Institution – zugleich sehe ich durchaus ein, wer hier der Stärkere ist, daher bin ich für einmal bereit, meine Wichtigkeit, ja meine Würde hintanzustellen und mich der Allmacht des Menschen hinter der schützenden Glasscheibe zu unterwerfen – denn ich will ja was von ihm.

Diese äußerst komplexe, aber minutiös durchdachte Positionierung meinerseits ringt dem Beamten keineswegs Freundlichkeit oder, Gott behüte, gar ein Lächeln oder sonst eine als menschlich identifizierbare Regung ab – aber das Manöver ist letztlich erfolgreich: Ich erhalte, was immer ich will. Sogar die erhoffte Ausnahme von der Regel: Denn, das weiß der Beamte und das weiß ich: Wirklich mächtig ist nicht, wer (wie etwa in der Schweiz) Regeln und Vorschriften wortwörtlich befolgt, wahre Macht hat, wer es sich erlauben kann, eine Ausnahme zu machen. Und am Ende sind beide zufrieden: der Mensch vor und das Wesen hinter dem Schalter. Ich trage die erhoffte Ausnahmegenehmigung heim und der Beamte hat dem unbedarften Ausländer mit seinem Doktortitel wieder einmal gezeigt, was ein österreichischer Beamte hat: Macht. Sich souverän über Regeln hinwegzusetzen und, Gnade vor Recht, Ausnahmen zu gewähren.

Ein Bekannter hatte in einer Abteilung des Finanzamtes in einem ungenannten Bundesland angeheuert. Der

Tagesablauf war, Tag für Tag, streng geregelt. Mein Bekannter hatte, wie er berichtet, pro Tag genau zwei volle Stunden zu arbeiten. Dann folgte jeweils die Sitzung beim Vorgesetzten. Sie dauerte jeweils vier Stunden. Da wurde mit den Mitarbeitern der Abteilung Kaffee getrunken, geplaudert, diskutiert. Meinungen wurden ausgetauscht. Die Anrufe für die entsprechende Abteilung wurden in dieses Sitzungszimmer umgeleitet. Hier wurden die Anrufe entgegengenommen. Und zwar pro Tag und Sitzung genau drei. Beim vierten Anruf war die Vorgehensweise ebenfalls präzise festgelegt: Dem Anrufer wurde höflich beschieden, wegen Überlastung der Dienststelle sei es jetzt leider nicht möglich, sein Anliegen entgegenzunehmen. Er solle doch bitte in drei Wochen wieder anrufen.

Mein Bekannter war, überflüssig zu betonen, bei diesem Job nicht gerade ausgelastet. Er fühlte sich unterfordert, ja er langweilte sich. Und doch erhielt er am Ende des Jahres – nein, keine Beförderung und schon gar keine Erhöhung des ohnehin schon respektablen Gehalts, sondern eine Ehrenurkunde. Diese erhielt er wegen seines Einsatzes in der Dienststelle – konkret: Weil er die doppelte Arbeitsleistung seines (früh)pensionierten Amtsvorgängers erbrachte. Mein Bekannter hatte nämlich in diesem Jahr zur allgemeinen Befriedigung und Bewunderung zwei Fälle bearbeitet und abgeschlossen. Zwei Fälle. Sein Vorgänger habe lediglich einen Fall geschafft. Also habe er die doppelte Leistung erbracht. Und wurde dafür geehrt.

Ein anderer Bekannter – es sei verraten, dass er Parteigänger der Sozialdemokratischen Partei war – versuchte, sich als Diplomat im Außenministerium nützlich zu machen. Das Außenministerium ist, wie allgemein bekannt, von Parteigängern der einen, nämlich der Volkspartei, durchsetzt – ein Sozialdemokrat wie mein Bekannter hatte folglich dort nur wenig zu melden und schon gar keine Chancen, auf einem attraktiven (oder überhaupt irgendeinem) Auslandsposten platziert zu werden. So blieb er in der Wiener Zentrale hängen – jahrelang und praktisch beschäftigungslos, aber mit Präsenzpflicht. Seine durchschnittliche wöchentliche Arbeitszeit habe, so berichtet er, genau zwei Stunden betragen.

Ein weiterer Bekannter hatte es noch weiter gebracht: Er war Mitarbeiter der Präsidentschaftskanzlei, im Büro des Staatsoberhauptes, in der prunkvollen Hofburg. Der Rahmen war prächtig, doch der Job war es nicht. Denn das Problem war, dass er unter dem letzten Bundespräsidenten angestellt worden war – und der amtierende mochte ihn nicht. Sympathien und Antipathien gibt es eben, das ist unbestritten. Also wurde mein Bekannter – nein, nicht etwa entlassen, sondern kaltgestellt. Er habe, berichtet er, Jahre in der Präsidentschaftskanzlei verbracht, gelesen, Bücher verfasst, aber nicht wirklich dort gearbeitet. Immerhin seien die Räumlichkeiten gut geheizt, was im kalten Wiener Winter durchaus seine Vorzüge hat, und die Kaffeemaschine funktionierte.

Aber auch das Gegenteil ist aktenkundig: Vor einigen Jahren wurde ein Kärntner Beamter vom Landesgericht Klagenfurt zu 15 Monaten bedingter Haft verurteilt: wegen Amtsmissbrauchs. Amtsmissbrauch? Der Mann hatte doch nur das getan, was ein österreichischer Beamter, der auf seine Beamtenehre hält, zu tun pflegt: Akten von einem Ende seines Schreibtisches zum anderen zu schieben und Antragsteller unter präziser Angabe der einschlägigen Gesetzesparagraphen an andere Dienststellen zu verweisen oder ihnen zumindest in nebliger Ferne liegende Termine zuzuweisen. Doch unser Mann hatte irgendwie Pech. Weder wurde er, was damals noch üblich war, „pragmatisiert", noch hatte er Aussicht, jemals Hofrat, und schon gar kein „wirklicher", zu werden. Nein, er wurde schnöde abgeurteilt. Immerhin hat dem säumigen Staatsdiener sein Nichtstun auch einen Titel eingetragen – zwar nicht jenen des Hofrats, wie insgeheim erhofft. Nein, die Medien kürten ihn zum „faulsten Beamten Österreichs". Und darauf dürfte er doch eigentlich stolz gewesen sein.

Vor einiger Zeit wollten sich die Bewohner einiger Ortschaften gegen die Schließung von 638 ländlichen Postfilialen zur Wehr setzen. Ihnen wurde gesagt, sich an eine gewisse „Kontrollkommission" zu wenden. Diese werde dann in der Angelegenheit vermitteln. Doch an der Sache gab es einen Haken: Niemand konnte die besagte „Kommission" ausfindig machen – am allerwenigsten die Post selbst. So schickten die Einwohner des im Norden des Landes gelegenen Dorfes Weitersfelden einen eingeschriebenen Brief an die angeblich korrekte Adresse. Das Schreiben kam nach drei Tagen zurück – mit dem Vermerk „Adressat unbekannt". Die Post hatte einfach den Brief kommentarlos retourniert. Anderen Ortschaften erging es genauso.

So lebt es sich gut in Österreich. Man muss nur den richtigen Tonfall finden – und keinesfalls, wie manche meiner deutschen Freunde dies tun, selbstbewusst aufbegehren gegen die Staatsgewalt. So haben manche meiner Fahrrad fahrenden Freunde von hämisch grinsenden Polizisten Geldstrafen in schwindelerregender Höhe für irgendwelche Bagatellvergehen eingefahren (mit dem Fuß den Boden nicht kurz berührt an einer Stopptafel und Schlimmeres) – einfach, weil sich ein Deutscher einem österreichischen Wachmann nicht unterwirft. Und von mächtigen Beamten hinter Glasscheiben und Schaltern haben sie sich mit ihrem Selbstbewusstsein schon gar nichts zu erhoffen.

COPYPASTE. ODER: „AUSTRIA – MADE IN CHINA"

In Las Vegas kann man mit wenigen Schritten die Welt durchwandern: Man geht vom Eiffelturm in die Tempel von Luxor und dann gleich nach Manhattan – die Skyline komplett mit Empire State Building und Statue of Liberty. Österreich hingegen lässt sich nicht kopieren – denn Österreich ist einmalig. War es, bis die Chinesen, die sich bisher auf das Kopieren von elektronischen Gadgets, Gucci-Handtaschen, Autos und Flugzeugen beschränkten, auf die ausgefallene Idee kamen, die idyllische oberösterreichische Ortschaft Hallstatt zu klonen. Was Las Vegas recht ist, kann den Chinesen nur billig sein – Hauptsache, es bringt Geld. Hallstatt mit seinen 800 Einwohnern ist eine der beliebtesten Touristen-Destinationen Österreichs, vor allem für Besucher aus dem Fernen Osten. Es ist seit 1998 Unesco-Welterbestätte und außerdem gab Hallstatt, das stolz auf eine 4500-jährige Vergangenheit zurückblickt, einer bedeutenden prähistorischen Epoche den Namen. Hallstatt lag bis jetzt einzigartig und idyllisch am Hallstätter See. Inzwischen aber stößt man auch in der südchinesischen Provinz Guangdong, zwei Autostunden nördlich von Hongkong, auf Hallstatt. Hier allerdings bloß als Wohnsiedlung der Stadt Luoyangzhen.

Die chinesischen Selfie-Touristen können sich jetzt die 8881 Kilometer lange Reise nach Österreich ersparen – sie begeben sich ganz einfach nach Luoyangzhen. Die

Hallstätter hatten keinen Schimmer davon, dass ihr hübsches Dorf von den Chinesen Haus für Haus, Straße um Straße heimlich vermessen, kopiert und mit chinesischer Akribie nachgebaut wurde – bis eines schönen Morgens im März 2011 der Hotelbesitzerin Monika Wenger auffiel, dass etwas anders war als sonst. In ihrem Hotel hatten sich Chinesen einquartiert – aber sie waren nicht wie ihre Landsleute üblicherweise in einer Reisegruppe angereist. Auch führten sie hochprofessionelle Kameras und komplizierte Messgeräte mit sich. Ein paar Tage später stieß Frau Wenger auch noch zufällig in der Lobby auf ausgedruckte Baupläne ihres Hotels – mit chinesischen Schriftzeichen und einem ihr unbekannten Firmennamen. Sie sei „aus dem Häuschen" gewesen, als sie dies entdeckt habe, erklärte sie gegenüber einer deutschen Fernsehcrew. Das gehe doch nicht, dass man ihr Haus kopiere, ohne dass sie das Geringste davon erfahre – und schon gar nicht ihr Einverständnis zu dieser Aktion gegeben habe. Dann aber entdeckte die Hotelbesitzerin noch weitere Beweisstücke – Skizzen und Fotos des ganzen Dorfes. Es stellte sich heraus, dass die chinesischen Kopisten, getarnt als Touristen, während fünf Jahren den Ort akribisch katalogisiert hatten. Mit den Raubkopien machten die Chinesen „ein Mördergeschäft", war Frau Wenger empört. Auch der Bürgermeister von Hallstatt war „von den Socken", wie er berichtete. Er habe Icomos Österreich, die für Denkmalschutz zuständige Unesco-Weltkulturerbe-Behörde, ins Bild gesetzt und auch den oberösterreichischen Landeshauptmann informiert. Der Bürgermeister eines österreichischen Dorfes konfrontiert die Weltmacht China. Das muss man sich einmal auf der Zunge zergehen lassen.

Im chinesischen Hallstatt II gibt es Blumenkisten vor den Fenstern, hinter den Plastikblumen sind raffiniert Lautsprecher verborgen, die unablässig österreichische Volksmusik plärren, man findet die Dorfkirche mit funktionierender Turmuhr und elektronisch generiertem Glockengeläute. Alles stimmt, einschließlich der eisernen Kanaldeckel – bis auf eines: Auf die Kruzifixe und andere vom österreichischen Original eigentlich nicht wegzudenkende religiöse Symbolik wurde systematisch verzichtet. Auch die Trachten der chinesischen Besucherinnen sind von den österreichischen Originalen so weit entfernt wie – eben China von Österreich. Und in der Kirche finden sich weder Bänke noch Andacht und Kanzel, sondern dort ist die zentrale Immobilien-Agentur des Dorfes. Es geht gar nicht um den idyllischen Ortskern, der ist gewissermaßen nur ein Marketinggag mit dem „schönsten Dorf der Welt", sondern um die ausgedehnten Wohnanlagen für betuchte Chinesen darum herum. Dafür wurde nicht nur das Dorf im Maßstab 1:1 auf einem Quadratkilometer Fläche, sondern sogar auch der Hallstätter See nachgebaut.

Die Frage ist nur: Werden sich dereinst internationale Gerichte, vergleichbar mit dem Streit um die „Original" Sachertorte, mit der Frage zu beschäftigen haben, welches nun das „wahre" Hallstatt sei – jenes in Oberösterreich oder das in Guangdong? Die geschäftstüchtigen Chinesen können beruhigt sein: Es gibt kein Gesetz, welches das Kopieren einer ganzen Ortschaft verbietet und unter Strafe stellt. Und die Hallstätter sehen die Sache mittlerweile gelassen. Bei der Einweihungszeremonie wurde die Salinen-Musikkapelle eingeflogen und auf der Tourismus-Internet-Seite heißt es: „Hallstatt – das Original. Millionenfach fotografiert – einmal kopiert – nie erreicht." Das ursprüngliche

Ärgernis erwies sich als Erfolgsgeschichte – die Zahl der chinesischen Besucher in Hallstatt stieg stetig an. Im österreichischen Hallstatt. Das übrigens als Schwesterstadt das chinesische Huizhou unweit von Hongkong auserkoren hat – was nicht völlig einer gewissen Ironie entbehrt.

EDELWEISS FOREVER

Als der Komponist Richard Rodgers und der Liedtexter Oscar Hammerstein 1959 am Broadway das Musical „The Sound of Music" über das Drama der Trapp-Familie lancierten, pflanzten sie der Menschheit mit „Edelweiß" einen etwas kitschigen Ohrwurm in die Gehörgänge. Das Lied wird seit damals vom amerikanischen und neuerdings auch vom chinesischen Publikum für die österreichische Nationalhymne gehalten. Wenn es doch wirklich so wäre! Das eher fade „Land der Berge, Land am Strome" war nie wirklich ein Hit – und hat wohl wenig Chancen, es jemals zu werden. Und der Text der inoffiziellen Nationalhymne „Edelweiß" könnte patriotischer kaum sein: „Bless my homeland forever" – „Segne meine Heimat für immer".

Nachdem die Kurz-ÖVP wie ein politisches Chamäleon ihre Farbe vom düsteren Schwarz auf Türkis gewechselt hat, was Verjüngung signalisiert, lässt sich auch der künftige Koalitionspartner FPÖ nicht lumpen. Er hat sein botanisches Emblem ausgetauscht – von der blauen Kornblume zum Edelweiß. Blumen haben in der Politik seit Langem symbolische Bedeutung: Rote Nelken waren in der Französischen Revolution ein Symbol des Widerstandes der Adligen, die durch die Guillotine hingerichtet wurden, und später der Sozialisten und in England dient die künstliche

Mohnblume als Anstecknadel („Remembrance Poppy")
dem Gedenken gefallener Soldaten der beiden Weltkriege.
Während die Neos bei der Angelobung des Nationalrats
Kakteen mit pinken Blüten auf ihre Pulte im Nationalrat
stellten und die SPÖ zu den roten Nelken zurückkehrte,
verzichtete die FPÖ (wohl als Zeichen ihrer politischen
Läuterung) nunmehr auf die blaue Kornblume. Die Ab-
geordneten trugen ein Edelweiß mit patriotischer rot-
weiß-roter Schleife – als Symbol für „Mut, Tapferkeit und
Liebe", wie uns H.-C. Strache erklärte.

Die Kornblume war das Symbol des Führers der
Deutschnationalen und glühenden Antisemiten Georg von
Schönerer und Erkennungszeichen der illegalen Nazis der
Zwischenkriegszeit. Also ziemlich belastet, diese „blaue
Blume", das Sehnsuchtssymbol der deutschen Romantik.
Das Edelweiß als alpines Symbol, welches die Zwei-Cent-
Münze ziert, ebenso beliebt im Nachbarland Schweiz, hat
allerdings auch eine historisch-politische Konnotation.
Und diese ist keineswegs weniger ambivalent als jene der
Kornblume: Das Edelweiß war das Erkennungszeichen
der 1. Gebirgs-Division der Wehrmacht – einer Elite-
truppe, bekannt auch als „Edelweiß-Division", die Adolf
Hitler als seine „Garde-Division" bezeichnet hatte. Sie
war an diversen Kriegsverbrechen beteiligt, namentlich
am Massaker auf der griechischen Insel Kefalonia 1943.
Als „small and white, clean and bright" wird die Blume im
Musical-Song bezeichnet – als Emblem von Hitlers mör-
derischer Garde-Division hat die kleine Blume allerdings
längst ihre Unschuld verloren. Ob sich die FPÖ, die der
Gedenkrede des damals amtierenden Bundeskanzlers zum
Novemberpogrom („Reichskristallnacht") den Beifall ver-
weigert hat, dessen bewusst ist?

KLEINE SCHLAMPEREIEN –
GROSSE FOLGEN

Die Schlamperei – vom deutschen Duden stramm definiert als „Fahrlässigkeit, Liederlichkeit, Nachlässigkeit, Ungenauigkeit, mangelnde Sorgfalt – ist aus Wiener Sicht ganz im Gegenteil eine der liebenswürdigsten, menschlichsten Eigenschaften des Wieners oder Österreichers überhaupt. Sie ist ein Klischee und genauso zutreffend oder unfair wie alle Klischees, aber die Schlamperei gehört so sehr zur österreichischen Folklore, dass es sich die Österreich Werbung genauso gut hätte überlegen können, statt mit dem Charme mit der Schlamperei für die Unesco-Weltkulturerbeliste zu kandidieren. Natürlich ist Österreich mindestens so gut organisiert wie alle anderen EU-Länder, alles funktioniert zuverlässig und auf Hightech-Niveau, vom Mobilfunk über die Eisenbahn bis hin zur Fluggesellschaft.

Aber die seit meiner Kindheit sprichwörtliche „österreichische Schlamperei" hat sich ihre Nischen bewahrt – und hat in meinen Wiener Jahren ein durchaus hässliches Antlitz gezeigt. Zumal die praktizierte Schlamperei in zwei Fällen um ein Haar tödlich geendet hätte – zuerst für einen meiner beiden Söhne und, Jahre später, für meinen jungen Königspudel. Und beiden Fällen war gemein, was für Österreich – ich sage es ungern – ziemlich typisch ist: Die Schuldigen oder, milde ausgedrückt, die für die jeweilige Schlamperei Verantwortlichen drückten sich auf manchmal ziemlich infame Weise um ihre Verantwortung.

Meine beiden Buben spielten auf der Terrasse unserer Wohnung Ball. Plötzlich stolperte mein älterer Sohn, fiel rücklings auf ein brüchiges und teilweise von der Witterung wegerodiertes Plexiglas, das sofort nachgab – mein

Sohn stürzte vier bis fünf Meter in die Tiefe und prallte auf dem Steinboden des Treppenhauses auf. Wie durch ein Wunder fiel er auf seine Arme, an denen er komplizierte Brüche erlitt – genauso hätte er auf den Kopf oder den Rücken fallen können, was Querschnittslähmung oder sogar den Tod zur Folge gehabt haben könnte. Der Hausverwalter, dem mehrfach in den Mieter-Zusammenkünften dringend nahegelegt worden war, das kaputte Plexiglas-Dach zu reparieren und ein Schutzgitter anzubringen, hatte diese Maßnahmen nie ergriffen – typische Schlamperei. Im nachfolgenden Gerichtsverfahren wurde er freigesprochen.

Jahre später kehrten wir mit unseren beiden prächtigen Königspudeln bei einem traditionsreichen und weltberühmten Heurigen in Grinzing ein. In diesem geschichtsträchtigen Ambiente ereignete sich ein kleines Drama, das für uns fast zur großen Tragödie geworden wäre: Unter unserer Bank lag eine weiße Plastikbox. Diese enthielt tödliches Rattengift, das die Organe zerstört und zu einem lange verzögerten, äußerst qualvollen Tod führt. Wie sie mitten im großen Speisesaal, wo Hunderte von Gästen ihr Abendessen verzehrten, unter die Sitzbank kam, weiß niemand – wohl eine typische Wiener Schlamperei: Irgendwer muss die tödliche Box dort vergessen oder versehentlich dahin geschoben haben.

Der jüngere und neugierigere unserer beiden Pudel entdeckte die Box sofort, kroch unter die Sitzbank und biss sie auf und fraß von dem bläulichen Gift, das sich darin befand. Zufällig bemerkten wir dies – der Abend endete in der Veterinär-Universitätsklinik, wo das arme Tier zwei Tage lang eine lange Reihe von Untersuchungen und Behandlungen über sich ergehen lassen musste. Die Reaktion des berühmten Heurigenlokals war schnöde, jene der Firma, die das Gift geliefert hatte, geradezu unverschämt – und der Anwalt des Restaurants war selbst so schlampig, dass er meinen Vornamen und den meines Anwalts verwechselte und in der Sache abwiegelte.

Typisch in beiden geschilderten Fällen: Die Verantwortlichen drücken sich um ihre Verantwortung und zeigen keine Spur von Empathie – obwohl beide Fälle für Mensch und Tier um ein Haar tödlich ausgegangen wären.

Die heiterste Schlamperei-Variante ereignete sich jedoch auf nationaler Ebene, im September 2016: Während des Bundespräsidentschafts-Wahlkampfs tauchten immer mehr schadhafte Briefwahlkuverts auf, die sich wegen Verwendung des falschen Klebstoffs nach einigen Tagen von selbst öffneten und den (anfangs widerstrebenden) Innenminister Wolfgang Sobotka am Ende doch noch zwangen, die Stichwahl auf den 4. Dezember zu verschieben: So kam es zu einem Rekord, der sich im Guinnessbuch ganz gut gemacht hätte – dem längsten Wahlkampf der österreichischen Geschichte. Dieser dauerte, alles in allem, ungefähr ein Jahr. Und: Österreich kann sich glücklich schätzen, der etablierten zivilisatorischen Errungenschaft der selbstklebenden Kuverts nunmehr eine neue hinzugefügt zu haben – die selbstklebenden *und* selbstöffnenden Kuverts. Das ist doch schon mal was.

Eingeschaltet wurde in der Causa Klebstoff das Bundeskriminalamt, das umgehend forensische Untersuchungen anstellte – und messerscharf zum Schluss kam, dass die deutsche Druckerei einen neuen (offenbar untauglichen) Klebstoff eingesetzt hatte, der zuvor noch nicht verwendet worden war. Das Innenministerium war nach eigenen Angaben nicht von dem verhängnisvollen Klebstoff-Wechsel informiert. Die Posse um die schadhaften Wahlkartenkuverts erhielt umgehend ihren Übernamen: „Klebergate".

Grotesk wurde die Affäre allerdings, als ein Mitarbeiter des Innenministeriums einer Anruferin der Wahl-Hotline, die bemerkt hatte, dass sich das von ihr sorgsam zugeklebte Wahlkartenkuvert plötzlich von selbst öffnete und daher die Wahlkarte ungültig machte, einen pragmatischen Rat erteilte: Doch das Kuvert mit UHU-Stick selbst wieder zuzukleben. Aber dieses Gespräch habe „nie stattgefunden". Der Innenminister war „not amused", als er von der Sache hörte: Dieser Ratschlag sei ein Rechtsbruch – und strafrechtlich relevant. Gegen den Schuldigen wurde selbstverständlich ermittelt.

AUSTRONAUTEN UND STRATOSPHÄRENSPRINGER

Vor etwas mehr als einem Jahrzehnt sorgte der ehemalige Vizekanzler Hubert Gorbach (FPÖ/BZÖ) für allgemeine Heiterkeit: Er hat in der österreichischen und schon gar in der Weltgeschichte keine bleibenden Spuren hinterlassen – außer einem Satz: „I feel the world in Vorarlberg is too small." Die unsterbliche Formulierung stand in einem Brief an seinen „alten Freund", den britischen Finanzminister Alistair Darling, der ihm auf der Suche nach einem neuen Job helfen sollte – und den er ungeschickterweise mit „Alistar" anschrieb (so tief wird die alte Freundschaft dann doch nicht gewesen sein).

Nicht nur das winzige Vorarlberg, sondern die ganze große Welt überhaupt ist offenbar für einige Österreicher „too small". Deshalb weichen manche von ihnen aufs

Weltall oder sogar auf andere Planeten (im Gespräch ist der Mars) aus. Am ersten Wiener Weltraumball im Palais Niederösterreich stieß ich zwischen barocken Stuckaturen und Wandgemälden und schwer bewaffneten Space-Invaders in weißen Kunststoff-Kampfanzügen auf den ersten und bisher einzigen österreichischen Astronauten, Franz Arthur Viehböck, einen netten 58-Jährigen und in Anbetracht seiner Einmaligkeit wohltuend bescheidenen Menschen. Im Jahr 1991 hatte Viehböck nach zweijährigem Training an einer einwöchigen österreichisch-sowjetischen Weltraummission zusammen mit Kosmonauten aus Russland und Kasachstan an Bord der Mir-Raumstation teilgenommen. Der als Elektroingenieur ausgebildete Viehböck führte in der Raumstation 15 Experimente vor allem im Bereich Weltraummedizin durch.

Schon bald stieß ich auf andere Österreicher, die sich aktiv für den Weltraum interessierten. Da war beispielsweise Felix Baumgartner, der 2012 mit seinem Stratosphären-Ballon auf eine Höhe von knapp 40 Kilometern aufstieg und dann einen dreifachen Weltrekord aufstellte: den höchsten Ballonflug der Geschichte, anschließend seinen Stratosphärensprung „Red Bull Stratos", den freien Fall aus höchster Höhe, und zugleich die höchste Geschwindigkeit im freien Fall. Baumgartner wurde vor den Augen der Weltöffentlichkeit, welche diese kühne Tat live an den Bildschirmen mitverfolgte, zum ersten Menschen, der in freiem Fall – also nicht an Bord eines Flugzeugs – Überschallgeschwindigkeit erreichte. Baumgartner ging am Ende seiner spektakulären Aktion sanft über einer Wüste in New Mexiko nieder. Sein Druckanzug und seine Ballongondel sind inzwischen im National Air and Space Museum in Washington DC ausgestellt. Einige der Rekorde wurden

zwei Jahre später von Alan Eustace gebrochen. Baumgartner selbst zu seiner Extremerfahrung: „Manchmal musst
du wirklich ganz hoch hinauf, um zu erfahren, wie klein
du in Wirklichkeit bist." Das hätten wir ihm gleich sagen
können. Er hätte sich einige Umstände erspart.

Noch höher hinaus will ein anderer Österreicher: Der
42-jährige Kärntner Publizist und Rockmusiker Günther
Golob, der aus nahezu 200 000 Bewerbern in die engere
Wahl von 100 Kandidaten kam – für die „Mars One"-Mis-
sion. Der langhaarige Golob, stolzer Besitzer einer Harley
Davidson, gibt ein österreichisches Rock-Magazin heraus, spielte fünf Jahre in mehreren Rockmusik-Bands und
gründete eine Musikagentur. Seine patente Idee präsen-
tiert er in seinem Werbevideo: „Der Mars braucht Unter-
haltung. Das ganze Projekt soll Spaß machen – und hier
sehe ich meine Hauptaufgabe." Golob sagt, dass er seit
seiner frühesten Kindheit Astronaut werden wollte. Das
klingt durchaus realistisch. Der frühere sozialdemokrati-
sche Bundeskanzler Alfred Gusenbauer hatte nach eigenen Aussagen bereits in der Sandkiste beschlossen, dereinst Bundeskanzler zu werden. Und er ist es geworden.
Es würde uns nicht wundern, wenn der Kärntner Rockmusiker eines Tages als erster Österreicher auf dem Mars
landet und dort für Stimmung sorgt.

BOND IM BIEDERLAND

Von Wien in die Vorarlberger Landeshauptstadt besteigt
man am besten am neuen Wiener Hauptbahnhof den
Nachtzug mit Schlafwagen – oder man nimmt eine viel-
stündige Autoreise auf sich, bei der man unter hohem Ge-

birge hindurchfährt oder sogar das Ausland (Deutschland) zu durchqueren hat. 600 Kilometer entfernt ist die Donaumetropole von der westlichsten Landeshauptstadt Österreichs, im Land der „Xiberger", wo man einen für die meisten Wiener völlig unverständlichen Dialekt spricht – Hauptstädte der Nachbarländer sind deutlich näher zu Wien, sogar Berlin (524 Kilometer) und selbst Warschau (556 Kilometer), Prag (270 Kilometer) und Zagreb (268 Kilometer) sind rund halb so weit entfernt wie Bregenz. Und doch gehört es und das zugehörige „Ländle" zu Österreich – vor allem deshalb, weil die Schweizer den Beitritt Vorarlbergs zur Eidgenossenschaft verschmäht hatten. Immerhin 80,7 Prozent der Vorarlberger Stimmbürger (genau 47 727) bejahten die dem „Vorarlberger Volk" am 11. Mai 1919 zur Abstimmung vorgelegte Frage, ob der Landesrat der Schweizer Bundesregierung „die Absicht des Vorarlberger Volkes, in die Schweizerische Eidgenossenschaft einzutreten, bekannt gebe und mit der Bundesregierung in Verhandlungen trete". Nur 19,3 Prozent waren dagegen. In der Schweiz, mit ihrer sorgfältig austarierten und daher stabilen inneren Balance, überwogen die ablehnenden Stimmen – katholische Bevölkerung würde nach einem Beitritt Vorarlbergs die konfessionelle Mehrheit bilden und das Übergewicht der deutschsprachigen Bevölkerung würde zusätzlich vergrößert. Zu den von der Mehrheit der Vorarlberger gewünschten Verhandlungen mit der Schweiz ist es erst gar nicht gekommen. So trug Vorarlberg den Übernamen „Kanton Übrig" davon, der dem Ländle noch heute nachhängt. Geblieben ist die Präferenz der Vorarlberger für die Schweizer Wetterprognose, der sie offenbar mehr vertrauen als der österreichischen. Und viele hören offenbar lieber Schweizer Radio, schauen lieber

Schweizer Fernsehen als ORF. Klar, denn dieser wird in Wien gesteuert. Und da überwiegt bei den Vorarlbergern bekanntlich das Misstrauen.

Ein Privatjet, nonstop aus Port-au-Prince, mit dubiosen Gestalten an Bord landet direkt vor dem Festspielhaus Bregenz (das nun plötzlich zum Airport-Terminal geworden ist), durch die menschenleere Fußgängerzone von Feldkirch brausen schwarze Limousinen mit Bösewichten an Bord, das Publikum der Seebühne in festlicher Kleidung (Black Tie) scheint den grandiosen Klängen der „Tosca" zu lauschen und jener gigantischen Inszenierung mit dem riesigen Auge im Mittelpunkt zu folgen – tatsächlich wird mit dunklen Absichten über verborgene Kopfhörer kommuniziert, während, übertönt von der dramatischen Musik Puccinis, in der Küche des Festspielhauses eine wilde Schießerei stattfindet: James Bond alias 007 ist in Bregenz angekommen, in seinem 22. Thriller unter dem Titel „A Quantum of Solace": Riesenaufwand, 1500 Statisten und sehr viel Action.

Mit dieser spektakulären Filmproduktion zwischen Feldkirch und Bregenz als Schauplätzen hat das einst als verschlafen geltende „Ländle" zwischen Arlberg und Bodensee 2008 spektakulär den Anschluss an die große Welt der global agierenden MI6-Agenten und der skrupellosen Supergangster zelebriert – doch in Wirklichkeit ist diese kleine Welt längst mit der Welt verknüpft: durch Firmen, deren Präzisionsprodukte überall auf dem Globus anzutreffen sind, durch die Resorts der Superlative Lech und Zürs, wo gekrönte Häupter ihre Urlaube verbringen und philosophische Seminare sowie Konzerte der Spitzenklasse geboten werden, mit einer top-modernen Ski-Infrastruktur und architektonischen Meisterleistungen auf internationalem Niveau – und eben durch die Bregenzer Festspiele, die jedes Jahr ein Opernprogramm auf die Seebühne und ins stilvolle Festspielhaus bringen, das sich spielend mit den renommiertesten Opernfestivals der Welt messen kann, aber mit dem Mehrwert des stimmungsvollen landschaftlichen Rahmens am abendlichen Ufer des Bodensees.

Viel früher allerdings war Voralberg für mich eine wenig beachtete „Transitzone" auf meinen häufigen Reisen im alten „Transalpin" oder „Wiener Walzer" zwischen meiner Heimatstadt Zürich und der Donaumetropole Wien. Ich wunderte mich höchstens über die vielen unfertigen, unverputzten Häuslein, die hier anzutreffen waren – und die mich in meinen Vorurteilen über ein enges Häuslebauer-Land zu bestärken schienen. Später kamen die Studienjahre in St. Gallen, man überquerte öfter mal die Grenze am Rhein, um günstig essen zu gehen in einem Vorarlberg, das einem eher provinziell vorkam. Wenig ahnte ich damals von den verborgenen Schätzen Vorarlbergs …

Inzwischen längst in Wien wohnhaft, blicke ich nicht mehr ostwärts über den Rhein, sondern westwärts, hinter die Berge, hinter den Arlberg. Und plötzlich ist Vorarlberg für mich etwas ganz anderes geworden: ein wundervolles Stück Österreich, das meiner Schweizer Heimat in vielen positiven Dingen gleicht und wo mir die Menschen im Allgemeinen freundlicher, bescheidener und ehrlicher vorkommen als im Osten Österreichs. Der leicht provinzielle Nachgeschmack hat sich vollständig verflüchtigt – stattdessen stoße ich hier auf kulturelle Höchstleistungen in Musik sowie heimischer Holz- und Museumsarchitektur, auf gepflegte Kulinarik mit lokalen Produkten, auf eine abwechslungsreiche Landschaft zwischen der unspektakulären Harmonie des Bregenzerwalds und den spektakulären Bergwelten zwischen Montafon und Arlberg.

Im architektonisch sehr gelungenen Vorarlberg Museum in Bregenz bin ich der Geschichte jener schicksalhaften Volksabstimmung nachgegangen und auf interessante historische Details gestoßen. Zwar sah die Mehrheit der Vorarlberger Landtagsabgeordneten ihr Land eindeutig als Teil der 1918 ausgerufenen Republik „Deutschösterreich". Dass aber die Schweiz als neutraler Staat sich erfolgreich und fast unbeschadet aus dem Ersten Weltkrieg herausgehalten hatte und unmittelbar nach Kriegsende den Vorarlberger Nachbarn mit Lebensmittelspenden half, die ärgste Not zu lindern, überzeugte viele, der privaten Initiative für eine Angliederung an die Schweiz zu folgen. Ein im Museum ausgestelltes Abstimmungsplakat, das den „Anschluss" an die Schweiz befürwortet, argumentiert gegen ein „Nein" damit, dass in diesem Falle „uns nur noch der Wiener Judenstaat" bleibe, „von dem wir uns unter allen Umständen trennen wollen". Angesichts des Schreckgespensts „Judenstaat" lenkte sogar die Vorarlberger Textilindustrie ein, welche die Konkurrenz der etablierten Ostschweizer Textil- und Stickerei-Industrie fürchtete: Die überwiegende Mehrheit der Vorarlberger votierte für die Aufnahme von Beitrittsverhandlungen. Genützt hat das gar nichts. Also ließ man es bleiben – wohl eines der wenigen Beispiele der Weltgeschichte, dass ein Staat freiwillig auf einen Gebietszuwachs verzichtete.

Kurioserweise wurde lange danach, nämlich im Juli 2010, in Vorarlberg eine Umfrage durchgeführt, die das Thema der Angliederung an die Schweiz erneut aufrollte. 68 Prozent der Befragten hielten die Schweiz für wirtschaftlich und steuerlich attraktiver als Österreich – und

eine knappe Mehrheit, nämlich 52 Prozent, befürworte-
te einen „Anschluss" an die Eidgenossenschaft. Vielleicht
sollten wir Schweizer uns die Sache doch noch einmal
überlegen. Immerhin hätten wir dann einige hervorragende Skigebiete mehr.

Es fällt mir auf, dass ich bei meinen Reisen durch Frankreich und Italien immer wieder auf Gedenktafeln für Personen stoße, die Widerstand gegen Mussolini oder Hitler
geleistet haben. In Österreich finden sich dagegen in jeder
Ortschaft Gedenktafeln für Soldaten, die 1914 bis 1918 für
den Kaiser oder 1939 bis 1945 für Hitler gekämpft haben.
Erfreulich hingegen, dass es im Zentrum von Bregenz ein
ganz anderes und noch dazu äußerst originelles Denkmal
gibt, gestaltet von der österreichischen Medienkünstlerin
Nataša Siencˇnik: Im Stil der alten metallenen „Fallblatt-
anzeigen" (wie sie früher auf Bahnhöfen Verwendung gefunden haben) werden die Namen von 100 Vorarlbergern
aufgeblättert, die in irgendeiner Form Widerstand gegen
den Nationalsozialismus geleistet haben.

Hingegen fand ich im Vorarlberg Museum eine Infor-
mationstafel, die an den Vorarlberger Hermann Rhom-
berg erinnert. Dieser namhafte Textilindustrielle hatte
während der Zeit des Nationalsozialismus hemmungslos
jüdische Betriebe „arisiert" – und damit sein Familien-
imperium ausgebaut. Diese dunklen Seiten in der Vita
Rhombergs schienen allerdings nach Kriegsende nieman-
den zu interessieren, ganz im Gegenteil: Der in Dornbirn
stadtbekannte Nationalsozialist gründete die Dornbirner
Messe, galt als wichtiger Förderer des Vorarlberger Wirt-
schaftslebens. Er wurde 1960 Ehrenbürger der Stadt
Dornbirn und erhielt das „Große Goldene Ehrenzeichen
für Verdienste um die Republik Österreich". Dass ihm die-

ses ausgerechnet vom Bundesminister Fritz Bock, einem ehemaligen Häftling des Konzentrationslagers Dachau, überreicht wurde, gehört zu den Ironien der österreichischen Nachkriegsgeschichte.

„VERSCHWEIZERUNG" ALS THERAPIE FÜR DEMOKRATIEDEFIZITE?

In den Tagen der Koalitionsverhandlungen zwischen ÖVP und FPÖ machte ein Begriff die Runde, der bei mir eine gewisse Skepsis ausgelöst hat: „Verschweizerung". Konkret geht es um die offenbar von beiden künftigen Regierungspartnern ÖVP und FPÖ gewünschte Einführung oder zumindest groß angelegte Ausweitung der direkten Demokratie „à la Suisse". Die Große Koalition mit ihrer chronischen gegenseitigen Blockierung hat Frustrationen und Politikverdrossenheit in besorgniserregendem Maße ansteigen lassen, das letztlich unverbindliche direktdemokratische Instrumentarium des Volksbegehrens wird von vielen als Mogelpackung empfunden. Deshalb wollen immer mehr Österreicher (nämlich 69 Prozent) „echte" direkte Demokratie nach Schweizer Vorbild und nur noch 23 Prozent wollen sich mit der repräsentativen Demokratie in der bisherigen Form abfinden. Geschickt hat die bisherige Oppositionspartei FPÖ diese Stimmung aufgenommen und die Forderung nach direkter Demokratie zu einem Kernpunkt ihrer Regierungsbeteiligung gemacht.

Die Volkspartei ging auf diese Forderung ein und befürwortet eine obligatorische Volksabstimmung, wenn diese von zehn Prozent der Wahlberechtigten gefordert wird, die FPÖ setzt natürlich die Schwelle tiefer, nämlich bei vier

Direkte Demokratie am Beispiel Rauchen

Prozent. In der Schweiz erfordert das fakultative Referendum 50 000 Unterschriften innert 100 Tagen. Um die Verfassung zu ändern, müssen 100 000 Unterschriften innert 18 Monaten gesammelt werden. Hier ist also die Schwelle signifikant niedriger. In der Schweiz werden Stimmbürger vier Mal pro Jahr zu den Urnen gebeten, und zwar zu Sachfragen auf den drei Ebenen Nation, Kanton, Gemeinde – und, heute nur noch in zwei Kantonen, auf den Dorfplatz, zur urdemokratischen „Landsgemeinde", wo traditionell mit Handaufheben abgestimmt wird und auf der Tribüne jede und jeder das Wort ergreifen kann.

„Verschweizerung als Angebot, Kleinheit als Chance", schrieb schon der Politologe Anton Pelinka 1990 – und warnte davor, die Schweiz unkritisch als Vorbild zu nehmen. Denn „Verschweizerung" sei „selbstverständlich keine Patentlösung". Natürlich fühlen wir Schweizer uns geehrt, wenn wir von den österreichischen Nachbarn als Modell für Demokratie herangezogen werden. Nur: In der Schweiz hat die direkte Demokratie jahrhundertelange Tradition. Dazu gehört das komplexe Verfahren der „Vernehmlassung", der Anhörung der Kantone, sämtlicher politischer Parteien und aller interessierten Kreise. Dazu gehört auch, dass jene, die Geld ausgeben, auch dafür verantwortlich sind, dieses zuvor mittels Steuern einzutreiben.

Vor allem aber bedarf es gründlicher Information – in der Schweiz ist es jeweils die Wahlbroschüre, welche durch die Wahlbehörden jedem Stimmberechtigten zugeschickt wird, mit sachlichen Argumenten pro und kontra und einer detaillierten, absolut neutralen Darstellung der Abstimmungsvorlage. Und in der Schweiz wird im Gegensatz zu Österreich in allen Schulen der obligatorische Staatskundeunterricht abgehalten. Der Durchschnittsösterreicher informiert sich vorzugsweise mit den Gratiszeitungen, die heute überall aufliegen – tendenziöse Information auf tiefstem Niveau, Desinformation eher, und dank der Praxis der Regierungsinserate Manipulationsinstrumente für jede Art von Populismus. Dass diese Blätter ihre Berichterstattung und vor allem Kommentierung nach den „Zuckerln" richten, mit denen sie durch Politik und Politiker verlässlich gefüttert werden, ist anzunehmen.

Von Winston Churchill stammt nicht nur die vielzitierte Sentenz, Demokratie sei „die schlechteste aller Regierungsformen – abgesehen von allen anderen", sondern auch, weniger bekannt, aber noch pessimistischer (und elitärer): „Das beste Argument gegen die Demokratie ist ein fünfminütiges Gespräch mit dem Durchschnittswähler."

138

Das gilt nicht nur für britische, sondern mindestens so sehr für österreichische Durchschnittswähler, die ihre politische Aufklärung vollumfänglich in „Kronen Zeitung", „Heute" und „Österreich" (sowie am Stammtisch) bezogen haben mochten.

Auch die demokratisch versierte Schweiz ist keineswegs gegen populistische Machenschaften gefeit – namentlich der rechtsnationalen SVP (Schweizerische Volkspartei) mit ihrer Minarett-Initiative und dem für das Frühjahr 2018 geplanten Referendum zur Abschaffung der öffentlich-rechtlichen Medien. Und das Brexit-Referendum müsste uns eigentlich als warnendes Beispiel vor Augen gehalten werden, wie ein Staat, der kaum über Erfahrung mit direkter Demokratie verfügt (drei nationale Referenden in Großbritannien), durch undurchdachten und manipulativen Einsatz dieses Instrumentariums ins Chaos schlittern kann. Außerdem würde nach einem Ausbau der direkten Demokratie die Aushebelung und damit Unterminierung des Parlamentarismus drohen – und dabei wird doch gerade jetzt das prachtvolle Parlament an der Wiener Ringstraße fachgerecht renoviert.

Die FPÖ hat sich selbst ein Bein gestellt – indem sie nämlich die direkte Demokratie ausbauen und zugleich das geplante totale Rauchverbot in der Gastronomie kippen will: Das „Don't smoke"-Volksbegehren wurde aber von der Bevölkerung buchstäblich gestürmt; der Zulauf übertraf alle Erwartungen – namentlich jene der FPÖ, deren Enthusiasmus für die direkte Demokratie plötzlich Sprünge erhalten hat.

DER SPION, DER AUS DEM KÄSE KAM

In Österreich haben, außer mir, noch 14 999 Schweizer ihre Zelte aufgeschlagen. In der Schweiz leben rund vier Mal mehr Österreicher – das mag am deutlich besseren Käse, den höheren Bergen, der immer noch besseren Schokolade und an den besseren Verdienstmöglichkeiten sowie dem signifikant niedrigeren Steuersatz liegen, vielleicht ergreifen auch viele Wiener einfach die Flucht vor dem Grant in die (im Allgemeinen) freundliche und vor allem effiziente Schweiz. Angesichts der doch viermal geringeren Zahl von Schweizern, die Österreich als Lebensmittelpunkt gewählt haben, kann, so betrachtet, von „Verschweizerung" nicht die Rede sein. Obwohl es in der Wollzeile eine kleine Schweizer Enklave gibt, die unter dem Namen „Der Schweizer" längst Kultstatus erlangt hat. Dort kauft die halbe Wiener Innenstadt besseren Schweizer Käse ein, als er in der Schweiz selbst erhältlich wäre, wo mein (immer mehr zum urwüchsigen Schweizer Senn mutierender) Sohn als Käsesommelier glänzt. Vor dem Laden weht unübersehbar eine Schweizer Flagge (denn der pfiffige Eigentümer hat herausgefunden, dass man für eine Flagge im Gegensatz zum Aushängeschild keine Steuern zahlen muss), die größer ist als jene vor der Schweizer Botschaft (ein Mythos, wie sich nach einschlägigen Vergleichen herausgestellt hat). Die Beziehungen zwischen den beiden Nachbarländern sind (trotz der abgedroschenen Österreicherwitze, die inzwischen keiner mehr hören mag – ebensowenig wie den längst überholten Vergleich zwischen dem Nachtleben des Wiener Zentralfriedhofs und dem Zürcher Niederdorf) ungetrübt, ja gerade-

140

zu perfekt, wie uns der jeweilige Schweizer Botschafter in seiner prachtvollen Residenz an der Prinz-Eugen-Straße in diversen Trinksprüchen immer wieder vor Augen führt. Vor der Ausstellung über Ferdinand Hodler im Wiener Leopold Museum (November 2017) wurde der spektakulärste Beweis für die Solidität der schweizerisch-österreichischen Beziehungen erbracht, als nämlich das österreichische Museum das arg renovierungsbedürftige berühmteste Gemälde des Schweizer Nationalmalers restaurierte – und selbst die Kosten übernahm. Es handelt sich ausgerechnet um Hodlers 1896 entstandenes Gemälde jenes Helden, der zur Symbolfigur des Aufstands gegen die Willkürherrschaft der Österreicher wurde und den Gründungsmythos der alten Eidgenossenschaft personifizierte: Wilhelm Tell. Fazit – die Beziehungen zwischen Österreich und der Schweiz könnten besser nicht sein.

Das war aber nicht immer so. Aus meiner Kindheit erinnere ich mich, aus meinem ersten, aus selbst Erspartem gekauften Transistorradio zufällig eine recht skurrile Geschichte vernommen zu haben, die wie eine literarische Erfindung klang, aber wahr war. Es gab seinerzeit sogar einen Spion, der gegen das ebenso neutrale Nachbarland eingesetzt wurde. Man schrieb das Jahr 1979. Der Kalte Krieg (der, soviel mir bekannt ist, allerdings nicht zwischen der Schweiz und Österreich stattfand) war auf seinem Höhepunkt. Damals bezahlte man in Österreich noch mit der Landeswährung Schilling – und dass der Schweizer Spion ebenfalls Schilling, Kurt Schilling, hieß, war nicht etwa eine besonders raffinierte Tarnung: Es war ein reiner, wenn auch grotesker Zufall.

Es geschah zu einer Zeit, da sich der Schweizer Nachrichtendienst unter der katastrophalen Führung des fanatischen Kalten Kriegers Oberst Albert Bachmann befand, der mit seinem Schnauzer nicht nur aussah wie Inspektor Clouseau, sondern mindestens so skurril agierte und durch den Schweizer Ableger des Kalten Krieges irrlichterte – vor allem mit seinem Projekt P-26, der Schaffung einer Schweizer Guerillaarmee gegen eine befürchtete sowjetische Invasion sowie dem Kauf eines Landguts in Irland zur Stationierung einer dann evakuierten Schweizer Regierung.

Zu Bachmanns patriotischen Großtaten gehörte auch die Entsendung des eher dilettantisch agierenden Spions Kurt Schilling, von Beruf nicht Bond, sondern biederer Betriebsberater, im November 1979 zur Ausspionierung eines Manövers des österreichischen Bundesheers in St. Pölten. Der eidgenössische James Bond soll aufgeflogen sein, weil er im Gästezimmer seiner Vermieterin (ein Hotel lag offenbar nicht im Budget des Schweizer Nachrichtendienstes) in aller Herrgottsfrühe den Wecker gestellt haben soll, was der alten Dame suspekt vorkam, worauf sie die Gendarmerie alarmierte. Unser braver Spion saß um 2.30 Uhr nachts bei St. Pölten am Steuer seines geparkten Wagens, bewaffnet mit einem Armee-Feldstecher, einer detaillierten Landkarte und einem Notizblock. Die zum Herbstmanöver Aufmarschierten staunten nicht schlecht, als sie ans Autofenster klopften und statt eines turtelnden Liebespaars den Schweizer Spion Schilling in voller Aktion erwischten. Der naive Schilling soll sogar gegenüber den Soldaten damit geprahlt haben, dass er wüsste, wo sich die „gegnerischen" Stellungen befanden. Da bestand kein Zweifel mehr, Schilling war ein Spion. Die Soldaten meldeten den Vorfall der Staatspolizei, die Schilling drei Tage lang beobachtete und dann verhaftete.

142

In der Folge wurde gegen Schilling, der sich auf abenteuerliche Weise Informationen verschaffte, die sich jeder ausländische Militärattaché und vor allem jener der Schweiz problemlos beschaffen konnte, ohne seine Nachtruhe zu opfern und die Vermieterin in Erregung zu versetzen, Anklage erhoben. Er wollte im Auftrag seines Chefs Bachmann-Clouseau herausfinden, wie lange das österreichische Bundesheer gegen eindringende Warschauer-Pakt-Truppen durchzuhalten vermöge. Schilling wurde – wohl im Hinblick auf die schweizerisch-österreichischen Beziehungen – milde bestraft: mit einer fünfmonatigen bedingten Haftstrafe; umgehend wurde der gescheiterte Spion über die Grenze heim in die Schweiz deportiert und sein Chef Bachmann wurde mit 52 Jahren zur vorzeitigen Pensionierung genötigt. Die österreichisch-schweizerischen Beziehungen wurden durch den „Spionageskandal" jedenfalls nicht nachhaltig beeinträchtigt, der Vorsteher des Eidgenössischen Militärdepartements tat die Affäre diplomatisch als „bedauerlichen Einzelfall" ab und trat kurz darauf dennoch zurück. Die österreichischen Medien hatten jedenfalls mit dem „Spion, der aus dem Emmentaler kam" ihren Spaß. Und der sei ihnen von Herzen gegönnt.

DER BARON MIT DEM FAHRRAD ODER: DIE WELTGESCHICHTE VON NEBENAN

Ich gebe zu – die Aristokraten, denen man in Wien doch gelegentlich begegnet, üben eine eigenartige Faszination auf den Schweizer aus. Dieser hat zwar viele Jahre in England verbracht und musste eines Tages der Queen den Treueeid schwören, um in den Besitz des schönen britischen Reisepasses zu gelangen, und als Mitglied des renommierten Londoner Reform Club hat er so manche englische Aristokraten kennengelernt. Aristokraten gibt es auch in der Schweiz, aber sie sind ganz anders. In Wien bilden sie einen exklusiven Club, sie kennen sich alle, grüßen sich höflich auf der Straße, laden sich gegenseitig zum Abendessen ein. Sie tragen zwei Visitenkarten mit sich: eine mit bürgerlichem Namen für den allgemeinen Gebrauch und dann aber eine andere mit den aristokratischen Titeln, deren Verwendung ja offiziell seit 1918 in Österreich verboten ist.

Zu Anfang meiner Wiener Zeit bin ich dem Phänomen allerdings mit der für mich typischen Schweizer Naivität begegnet. Nämlich: Am Buffet nach einem Konzert im Schloss Esterházy zu Eisenstadt, einem durchaus würdigen Rahmen also, kam ich einem hochgewachsenen Mann in die Quere – und dadurch mit ihm ins Gespräch. Ich stellte mich ihm vor: Ich sei Journalist, Auslandskorrespondent. „Und was machen Sie?" Diese Frage hatte er nicht erwartet. Er räusperte sich, zögerte: „Nun, ich befasse mich mit Forstwirtschaft." Es gibt in Österreich viele Codes und dieser ist einer davon. Wenn man in gewissen Kreisen von „Ostküste" spricht, meint man im Klartext die böse jüdische Weltherrschaft, und wenn man in ganz anderen Kreisen beiläufig erwähnt, „Wir kennen uns von einer gewissen Gasse", so ist damit die Rauhensteingasse gemeint, Sitz der Großloge von Österreich – und im Klartext heißt dies: „Wir sind beide Freimaurer und können uns ab sofort duzen."

Beim hochgewachsenen Herrn am Buffet bedeutete der Code „Forstwirtschaft", dass er Aristokrat war, der über

Hektare von Wäldern und anderen Ländereien verfügt und nebenbei über ein Dutzend Schlösser. Und eigentlich hätte ich ihn kennen sollen: Es war Graf Hoyos, der mich dann freundlicherweise zu einem wunderbaren Hauskonzert auf sein Schloss Gutenstein einlud. Dort glaubte ich zu erkennen, was Grafen von den Nicht-Grafen unterscheidet: Es ist die Leinenjacke mit grünen, leicht folkloristisch angehauchten Bordüren und Hirschhornknöpfen – wohl eine subtile Anspielung darauf, dass man der Jägerei huldigt, in den eigenen Wäldern.

Ich wohne im vierten Wiener Gemeindebezirk, Wieden, und der ist unter Kennern als aristokratischer Wohnbezirk bekannt – gleich um die Ecke befindet sich ja die Eliteschule Theresianum, gegründet 1746 von Maria Theresia als „Ritterakademie" und zweifellos auch heute noch die bevorzugte Schule der Aristokratie.

Und natürlich zog alsbald ein Adeliger in unser Haus, der sich stilvoll mit einer Flasche Sekt einführte und der bald zu einem sehr guten Freund wurde: Nikolaus (Niky) Baron Dreihann-Holenia aus der alten Familie Harrach. Dass er seine Wohnung *unter* meiner Terrasse eingerichtet hat, machte mich schmunzeln: Da wurden wirklich die Klassenhierarchien missachtet. Dass der Baron täglich wie auch ich mit dem Fahrrad das Haus verlässt und nicht (wie das einst in unserem Haus der Fall war) mit einer Kutsche, macht ihn umso sympathischer. Im Gespräch mit meiner englischen Partnerin wird er jeweils nur als „The Count" bezeichnet – wir nehmen's eben nicht so ganz genau mit den Adelstiteln.

Eines Tages, bei einem Essen, erzählte uns „The Count" die Geschichte seiner Familie mütterlicherseits – und es war eine Geschichte, die mir buchstäblich den Atem verschlug.

Nikys Großvater, Franz Graf Harrach (1870-1937), besaß die Besitzungen Janowitz in Böhmen und Velké Meziříčí (Groß Meseritsch) in Mähren. Letzteres lag unweit des mittelböhmischen Schlosses Konopischt (Konopiště), das der Thronfolger Franz Ferdinand zu seiner Residenz ausgebaut hatte. Graf Harrach, ein ausgebildeter Jurist, war Abgeordneter im mährischen Landtag in Brno (Brünn) von 1905 bis 1914. Harrach war nicht nur Nachbar, sondern auch Jagdfreund des Thronfolgers und ging auf dessen Schloss ein und aus. Nikys Mutter, Alice Dreihann-Holenia, bezeichnete ihren Vater als „sehr engen Freund" des Erzherzogs. Diese Freundschaft sei auf das „Kaisermanöver" des Jahres 1909 zurückgegangen, an dem Kaiser Franz Joseph I. und Kaiser Wilhelm II., der Thronfolger und auch Graf Harrach teilgenommen hatten.

Graf Harrach besaß einen sechssitzigen, 32 PS starken „Doppel-Phaeton" der Marke Gräf & Stift mit der Zulassungsnummer A III 118. Der Besitz eines Automobils war damals eine große Seltenheit; dieser war äußerst wohlhabenden Personen vorbehalten. Kaiser Franz Joseph I. untersagte übrigens seinen Familienmitgliedern den Besitz eines Automobils. Der Grund: Damals gab es noch häufig Fehlzündungen, die täuschend an einen Schuss erinnerten. Der Knall hatte erstens zur Folge, dass Kutschenpferde scheuten – und der Kaiser hatte die Gewohnheit, in der Kutsche von der Hofburg nach Schönbrunn zu fahren. Zweitens lösten die vermeintlichen Schüsse jeweils Alarm in der kaiserlichen Leibgarde aus, zumal ja 1853 bereits ein vereiteltes Attentat (allerdings mit einer Stichwaffe) auf den Kaiser verübt worden war.

Harrach war als Autobesitzer Mitglied des Österreichischen Automobilklubs und vor allem des (Adeligen vorbehaltenen) Österreichischen Freiwilligen Automobilkorps. Dessen Mitglieder verpflichteten sich, ihre Fahrzeuge der Armee für Manöver oder auch in einem Kriegsfall zur Verfügung zu stellen. Der Wagen des Grafen Harrach war denn auch eines von fünf Autos, die für das verhängnisvolle Manöver in Bosnien-Herzegowina zur Verfügung gestellt wurden. Graf Harrach war Flügeladjutant des Thronfolgers und begleitete diesen zum Abschluss des Militärmanövers des k. u. k. XV und XVI. Korps im Juni 1914. Der Großvater unseres Freundes stellte dem Thronfolger nicht nur seinen Wagen zur Verfügung, sondern auch seinen persönlichen Chauffeur namens Leopold Lojka.

Es folgten die Ereignisse, die bald darauf die Welt veränderten, zum Untergang der k. u. k. Monarchie führten und einen der verlustreichsten Kriege der Menschheitsgeschichte auslösen würden. Der Großvater unseres Freundes befand sich inmitten dieses historischen Geschehens am 28. Juni 1914: Als Adjutant und persönlicher Freund des Erzherzogs Franz Ferdinand hatte er Platz in dem Automobil genommen. Das Automobil, in dem sich der Thronfolger, seine Gattin Sophie von Hohenberg und Graf Harrach befanden, war das dritte in einem Konvoi von insgesamt sechs Fahrzeugen. Nach dem ersten, gescheiterten Anschlag stellte sich Harrach, wie auf einer Fotografie zu sehen ist, auf das linke, der Uferpromenade zugewandte Trittbrett des Wagens, um mit dem eigenen Körper einen Schutzschild für den Erzherzog zu bilden. Doch das Schicksal wollte es, dass die tödlichen Schüsse aus der Browning des bosnisch-serbischen Nationalisten Gavrilo Princip nicht von links, sondern von rechts abgegeben wurden. Zuvor waren entscheidende Sekunden verflossen, als Harrachs Chauffeur Lojka, der nach dem ersten, missglückten Attentat nicht ausreichend über die Routenänderung für den Fahrzeugkonvoi orientiert wurde, die komplizierte und daher zeitraubende Prozedur einleitete, den Rückwärtsgang des Wagens einzulegen. Diese Sekunden, in denen das Fahrzeug stillstand, boten dem Attentäter Gelegenheit, die beiden Schüsse auf Franz Ferdinand und seine Frau Sophie abzufeuern.

Der Thronfolger starb buchstäblich in den Armen des Großvaters meines Freundes. Das Battisttaschentuch, mit dem Harrach das Blut von den Lippen des Erzherzogs wischte, bewahrte er auf – es wird heute im tschechischen Schloss Velké Meziříčí Besuchern mit der nüchternen Bemerkung vorgeführt, das Taschentuch sei vom „ersten im Weltkrieg vergossenen Blut befleckt". Mein Freund zeigte mir die Original-Telegramme seines Großvaters an seine Großmutter Alice, beide datiert am 28. 6. 1914 und kurz nach dem Attentat gesendet: „bin ganz wohl franz" und „bin unverletzt = franz".

Am 3. Juli 1914 sandte Graf Harrach dann jenen berühmten vierseitigen Brief an seine Frau. In diesem schilderte er die letzten Augenblicke des in seinen Armen sterbenden Thronfolgers. Er leitete ihn mit den erschütternden Worten ein: „Liebster Schatz! Unter dem Drucke des entsetzlichsten was Menschenphantasie sich bilden kann schreibe ich Dir gedrückt von dem Gedanken selbst unberührt geblieben zu sein im Kugelregen in des Wortes höchster Bedeutung." Es folgt eine akribische Beschreibung jener Geschehnisse: „Aus seinem Munde spritzte sofort ein dünner Blutstrahl auf meine Backe, er wurde steif mit aufgerissenen Augen und sagte, die Hände auf ihren Schultern: Sopherl, Sopherl stirb mir nicht, bleib mir für meine Kinder." Er habe den Erzherzog am Kragen ge-halten, schildert Harrach im Brief an seine Frau, und ihn gefragt: „kaiserliche Hoheit müssen furchtbar leiden?" – „Oh nein, es ist Nichts", habe der an der Halsschlagader Getroffene geantwortet, worauf „Blutröcheln begann, das mit einem Blutsturz endete und nach 10 Min. starb er".

Den Wagen des Großvaters mit den deutlich sichtbaren Einschusslöchern gibt es noch – Kaiser Franz Joseph per-sönlich ordnete die Überstellung ins damalige „Heeresmu-seum" (heute „Heeresgeschichtliches Museum") im Wie-ner Arsenal an, wo das Fahrzeug noch heute steht. Der frühere Direktor des Museums, der Historiker Manfried Rauchensteiner, bezeichnete das geschichtsträchtige Fahr-zeug zu Recht als „wichtigstes Fahrzeug des 20. Jahrhun-derts". Es ist nach wie vor die Hauptattraktion des Heeres-geschichtlichen Museums. Es gab im letzten Jahrhundert allerdings ein anderes, kaum weniger berühmtes Fahrzeug: den dunkelblauen Lincoln Continental der Ford Motor Company, ein Cabriolet Baujahr 1961. In diesem Fahr-zeug war Präsident John F. Kennedy am 22. November 1963 in Dallas, Texas, von zwei Gewehrkugeln tödlich ge-troffen worden.

Rauchensteiner hat allerdings insofern recht, als es sehr wohl noch den authentischen Gräf & Stift des Grafen Harrach gibt (allerdings restauriert nach Plünderungen und Vandalismus im Zweiten Weltkrieg), während Ken-nedys Lincoln Continental für die damaligen forensischen Untersuchungen der Sicherheitsdienste bis auf Fahrgestell und Motor demontiert wurde. Er wurde neu zusammen-gebaut, mit einer schusssicheren Panzerung versehen und während einiger Jahre von den Präsidenten Johnson und

Nixon verwendet und landete im Henry-Ford-Museum Dearborn (Michigan). Somit bleibt das Automobil, das einst dem Großvater meines Nachbarn und Freundes gehört hat, das einzige authentische Fahrzeug, in dem sich in wenigen Sekunden blutige Weltgeschichte abgespielt hat.

Wien ist nicht nur eine Stadt, in der man auf Schritt und Tritt über geschichtliche Zeugen aller Epochen buchstäblich stolpert; mitunter kommt einem die Geschichte buchstäblich ins Haus – in Gestalt der Originaldokumente von unschätzbarem historischen Wert, die mir mein sichtlich bewegter Freund aus uraltem Adelsgeschlecht in meiner Wohnung anvertraut hat, um diese Zeilen zu schreiben.

ZWEI HALBE HEIMATEN

„Ich empfinde kein Land als Heimat", stellte Georg Kreisler einst lakonisch fest. Klingt bitter – und wird allzu verständlich, wenn man sich Kreislers Lebenslauf ansieht. Falls einem dazu überhaupt etwas einfällt, wird es einem beim Wort „Heimat" entweder wohlig oder mulmig zumute: Man denkt an Vertrautes, spürt Geborgenheit, Kindheitserinnerungen an den Ort, wo man aufgewachsen ist, werden wach. Der Begriff „Heimat" ist allerdings ideologisch besetzt – und zwar von der politischen Rechten: Es ist das wehrhaft zu Schützende, gegen alles Fremde, Feindliche, Bedrohliche. In Österreich weckt der Begriff „Heimatschutz" Assoziationen mit der paramilitärischen „Heimwehr", in Konfrontation mit dem sozialdemokratischen „Republikanischen Schutzbund"; der „Heimatschutz" wird historisch (1934) mit der Abschaffung von Demokratie und Republik – und der Errichtung des

Ständestaates – in Verbindung gebracht. In der Schweiz versteht man jedoch unter „Heimatschutz" etwas ganz anderes: die Erhaltung schützenswerter Baudenkmäler verschiedener Epochen.

Der Begriff „Heimat" ist im Bewusstsein der Nation fest verankert – so findet er sich inmitten der ersten Strophe der österreichischen Bundeshymne („Heimat großer Töchter und Söhne"). Alexander Van der Bellen hatte sich in seinem Präsidentschaftswahlkampf vergangenes Jahr bemüht, das Wort „Heimat" aus der rechtsgerichteten Begrifflichkeit herauszulösen – und ließ sich auf seinen Wahlplakaten vor einer sonnenüberfluteten Tiroler Berglandschaft mit dem Slogan „Wer unsere Heimat liebt, spaltet sie nicht" abbilden. Es gehe ihm, erläuterte Van der Bellen, „um einen Heimatbegriff, der mir sehr am Herzen liegt": Heimat, so erklärte Van der Bellen, „kann überall sein, wo man sich selbst wohl fühlt, wo man auch von den Leuten, die vorher da waren, akzeptiert wird".

Ein wahres Wort – wirklich autochthon sind heute die allerwenigsten: Die meisten von uns und unseren Vorfahren sind irgendwann einmal von irgendwo anders gekommen, sind Zuzügler – und ganz besonders in Zeiten erhöhter Mobilität. Kurioserweise standen sich im Präsidentschaftswahlkampf 2016 Heimat und Heimat gegenüber: Hofers „soziale Heimatpartei" und Van der Bellens in riesigen Lettern auf seine Wahlplakate gestellter Begriff „Heimat". So bleibt der Begriff „Heimat" zwiespältig – dem einen bedeutet sie Abwehr des Fremden und Schutz des Eigenen, dem anderen Wärme, Geborgenheit, Sehnsucht und Erinnerung. Jedenfalls sollte der für alle Menschen assoziationsreiche Begriff „Heimat" nicht zur ideologischen Waffe werden – und Van der Bellen hatte recht,

mit seiner Plakatkampagne der versuchten Monopolisie-
rung des Heimatbegriffs durch die selbst deklarierte „soziale Heimatpartei" entgegenzuwirken.

Das IMAS-Institut befragt regelmäßig die Österreicher,
worauf sie in ihrer Heimat denn besonders stolz seien.
Die Antworten sind ernüchternd banal, konservativ und
klischeegebunden: Naturschönheiten wie Berge (53 Prozent), knapp dahinter berühmte Musiker (Mozart, Haydn,
Strauß), Skirennläufer (24 Prozent) und das gute österreichische Essen wie vor allem Wiener Schnitzel (23 Prozent).
Die ins Exil vertriebenen oder emigrierten jüdisch-öster-
reichischen Nobelpreisträger wie Eric Richard Kandel
(Nobelpreis für Physiologie oder Medizin 2000), Martin
Karplus (Nobelpreis für Chemie 2013), Walter Kohn (Nobelpreis für Chemie 1998), Karl Landsteiner (Nobelpreis für
Physiologie oder Medizin 1930), Otto Loewi (Nobelpreis
für Physiologie oder Medizin 1936) sind ihnen jedenfalls
im Gegensatz zu Schnitzeln und Skiläufern zu dieser Frage
nicht eingefallen. Auch nicht der in Wien geborene, nach
England emigrierte „Jahrhundertdenker" Sir Karl Rai-
mund Popper (16 seiner Familienangehörigen wurden in
der Shoah umgebracht) und die bisher einzige österreichische Literaturnobelpreisträgerin (2004) Elfriede Jelinek –
auf diese stolz zu sein, besteht für den Durchschnittsösterreicher offenbar kein Anlass.

Die Stadt Wien freut sich heutzutage aufrichtig über
emigrierte Wiener Juden, die in ihre Geburtsstadt zurückkehren. Sie überhäufen diese mit Ehrungen, Auszeichnun-
gen und Orden, zumal diese Rückkehr durchaus als Akt
der Vergebung, als eine Art späte Rehabilitierung Österreichs ausgelegt werden könnte. Der 1925 in Wien geborene und 1938 aus Wien ins damalige Palästina geflüchtete

Ari Rath, später namhafter Chefredakteur der „Jerusalem Post", nahm 2005 zusätzlich zur israelischen die österreichische Staatsbürgerschaft an und verlegte den Wohnsitz in seine Geburtsstadt Wien – was von seiner dankbaren Heimat mit nicht weniger als acht hochrangigen Orden honoriert wurde. Den erwähnten Chemie-Nobelpreisträger Karplus machte die Stadt Wien im Mai 2015 zum Ehrenbürger, worauf sich dieser augenzwinkernd ein Privileg ausbat – nämlich seinen schwarzen Labrador „Bib" in die Wiener Museen mitnehmen zu dürfen. Diese Bitte wurde dem Nobelpreisträger gewährt – und so war „Bib" der einzige Hund, der je im weltberühmten Kunsthistorischen Museum zwischen Brueghel, Rubens und Rembrandt promenieren durfte.

Vielleicht war dies die kleine, schalkhaft-liebenswerte „Rache" des jüdischen Nobelpreisträgers an seiner Geburtsstadt, die ihn einst vertrieben hatte. Jedenfalls erinnert mich dieser kleine Racheakt an jene Anekdote, die man sich gern in Emigrantenkreisen erzählte: Zwei jüdische Emigranten aus Wien sitzen in New York in einem Café, das Kriegsende zeichnete sich ab und sie träumen davon, was sie nach ihrer Rückkehr in Wien als Erstes tun würden. „Also ich", sagt der eine, „würde sofort in mein Stammcafé, das Zentral, gehen und mir vom Ober einen Einspänner und die neue ‚Presse' bringen lassen. Aber ganz hinten im Eck würde bescheiden der Hitler sitzen. Er würde auf mich zukommen und höflich fragen: ‚Herr Kohn, hätten Sie vielleicht für mich die ‚Presse'?' Da würde ich eiskalt antworten: ‚Für Sie, Herr Hitler, nicht!'"

Der 1911 in Wien geborene und 1938 ins Exil nach Montevideo geflüchtete Wiener Autor Fritz Kalmar, der auf seiner Zwischenstation La Paz die „Federación de

Austríacos Libres" gegründet hatte, schrieb in seinen Lebenserinnerungen wehmütig und zutreffend: „Zwei halbe Heimaten machen noch keine ganze." Kürzlich hat mich jemand an ein Bonmot erinnert: Die Juden hatten Wien verlassen – aber Wien hat die Juden nie verlassen. Sie sei „erschüttert, wie tief diese nicht verheilenden Wunden sind", sagt die Politologin Barbara Serloth, die mit zahlreichen aus Wien vertriebenen Jüdinnen und Juden an den Orten ihres Exils zusammengetroffen ist. Sie spricht vom „enormen Schmerz" dieser alten Menschen: „Sie schämten sich für ihr Heimweh und kämpften dagegen an."

Für mich gibt es zwei Heimaten – Zürich und Wien. Ich wurde in Zürich geboren und bin dort aufgewachsen, habe aber jetzt Wien als Lebensmittelpunkt gewählt – die Stadt, in der meine Mutter 1923 geboren wurde und aufwuchs. „Wien ist wieder Wien – wie's einmal war, wunderbar wie zuvor", heißt es in einem Lied. Das trifft zu. Wien hat sich allmählich und fast unmerklich vom Schwarz-Weiß-Film meiner Erinnerung zum lebensfrohen Farbfilm der Gegenwart entwickelt. Die altehrwürdige Donaumetropole ist zu neuer Größe, zu architektonischer Modernität erwacht, sie hat das miefig-provinzielle Dasein in der Sackgasse zwischen den bedrohlichen Wänden des Eisernen Vorhangs überwunden, ist nun plötzlich wieder das pulsierende Herz Europas, das Kulturleben sprüht in Galerien, Museen, Konzertsälen und auf den unzähligen Bühnen, die damals bedrohlich-dunkel wirkenden Bauten sind heute alle fachgerecht restauriert, hell und freundlich und erstrahlen nachts in kunstvoll-plastischem Lichterglanz. Eine moderne, kosmopolitische Metropole mit allen kulinarischen Köstlichkeiten des Erdballs – in unserer Straße, der Taubstummengasse, hört man im Vorbeigehen mehr Englisch, Russisch und Spanisch als Wienerisch.

Trotz aller Modernität ist Wien liebenswürdig altmodisch geblieben. Ich freue mich über Geschäfte mit einem altmodischen schwarzen Glasschild, hinter dem ein goldener Schriftzug prangt, erfreue mich an hoffnungslos überfüllten Schaufenstern voll von Waren, die längst niemand mehr will, mit blassen Kunststoff-Schaufensterpuppen aus den 50er-Jahren, über einen Laden mit „Galanteriewaren", über den „Gmoa Keller", ein Gasthaus, in dem die Zeit seit dem vorletzten Jahrhundert stehen geblieben ist, und über den Inbegriff eines Wiener Kaffeehauses, das „Sperl" in der Gumpendorferstraße.

Die Rückkehr nach Wien aus Südamerika wurde zur Reise zu meinen vergessenen Wiener Wurzeln. Als ich bei einem Besuch im Hofmobiliendepot in einer kleinen Ausstellung über den Wiener Historismus zufällig unter anderen Möbeln aus meiner Familie auf den schweren, geschnitzten Esstisch aus der Wohnung meiner Großeltern stieß, wusste ich: Jetzt bin ich wirklich zurückgekehrt. Denn dieser Tisch hatte vieles darzustellen in meinen kindlichen Spielen: Er war Theater und Opernhaus, Indianerzelt und Palast.

Aber es gab noch eine andere, denkwürdige Begegnung bei dieser Rückkehr nach Wien. Es war die Begegnung – mit einer Stimme. Sie gehörte einem gewissen Franz Kaida, jenem Mann, der jahrzehntelang in den Straßenbahnen und in der damaligen Stadtbahn die Stationen ansagte – eine sonore, unverwechselbare Stimme, die für mich stets untrennbar zu Wien gehörte. Wenn ich als Kind an meine Reisen zu den Großeltern dachte, so fiel mir diese Stimme ein: als akustisches Hörbild gleichsam. Es war für mich ein frappierendes Erlebnis, als ich nach Jahrzehnten im Wiener Freundeskreis plötzlich diese einprägsame Stimme aus der Vielzahl der Gespräche heraushörte – und mir schlagartig meine Wien-Aufenthalte als Kind gegenwärtig wurden. Jetzt hatte jene Stimme aus dem Dunkel der Vergangenheit plötzlich ein Gesicht, eine Gestalt erhalten. Aus der alten Erinnerung wurde Gegenwart – und eine neue Freundschaft.

VERSÖHNLICHES FINALE

Warum es sich hier, in der Donaumetropole, trotz Grants und Griesgrams inmitten all der k. u. k. Grandezza so herrlich leben lässt, liegt nicht nur an den Opernhäusern, an der nahen Rax und dem noch näheren Wienerwald, wo meine beiden Königspudel ihren wohlverdienten Auslauf erhalten. Und es liegt nicht nur an der allumfassenden Sinnlichkeit, dem „Wein, Weib, Gesang" katholischer Sinnesfreude, die doch so viel angenehmer ist als die protestantisch-spröde Verzichthaltung. Nein, das wirklich Besondere am Leben in Wien ist, dass man hier, wie man so sagt, „Fünfe gerade sein lässt". Dass da der Doktortitel und die richtigen Beziehungen („Ich kenn da jemanden") helfen, liegt auf der Hand. Der jahrhundertealte Wahlspruch der Habsburger AEIOU bedeutet laut einer der gängigen Interpretationen: „Austria erit in orbe ultima" (Österreich wird bestehen bis ans Ende der Welt). Vielleicht auch noch ein bisserl darüber hinaus? Der große Karl Kraus hatte zwar Wien als „Versuchsstation des Weltuntergangs" verortet, aber ob dieser hier wirklich stattfindet, ist höchst fraglich, denn er dichtet: „Wir brauchen keinen Richter nicht, uns protegiert das Weltgericht, daß unsereins kein

Unrecht g'schicht. Und wenn die Welt zusammenbricht, wir richten's bei der Weltgeschicht."

Wien ist die Stadt, „wo man sich's richtet" – so wie der gerichtlich verurteilte ehemalige Bawag-Generaldirektor Helmut Elsner es tatsächlich schaffte, sich auf dem Dachgarten eines Wiener Innenstadthauses, genau über der Bawag-Zentrale, entgegen allen Bauvorschriften einen Swimmingpool errichten zu lassen: Er deklarierte ihn als Löschteich. Und kam damit durch. Österreich ist die Nation des geschickten Durchwurstelns, des pragmatischen Opportunismus mit seinen kleinen und großen moralischen Schlampereien, des „Sowohl als auch und des Weder noch", wie Robert Musil als „Hauptergebnis" des ersten Teils seines „Mann ohne Eigenschaften" formuliert hat. Und diese Nation hat mit diesem opportunistischen

Wo wir gut sind, ist immer nie eine olympische Disziplin!

Pragmatismus schlecht und recht und am Ende doch ganz gut überlebt.

Sollte das Weltgericht tatsächlich über den Erdball hereinbrechen, so besteht in Wien so oder so noch lange kein Grund zur Aufregung. Kein Geringerer als Gustav Mahler soll gesagt haben: „Wenn die Welt einmal untergehen sollte, ziehe ich nach Wien, denn dort passiert alles fünfzig Jahre später."

Am Ende, nach sehr viel Grant, stieß ich dann doch noch auf den Charme – und zwar just in meinem Lieblingsschwimmbad, dem unvergleichlichen Krapfenwaldlbad, der mit Abstand schönsten Badeanlage der Welt. Nicht nur hatte Johann Strauß Sohn eine überaus charmante „Polka Française" (mit obligatem Kuckucksruf) zu Ehren des nach dem „Geheimen Kriegsrat" Franz Joseph Krapf benannten Krapfenwaldl komponiert – als ich die letzten wärmenden Strahlen der Herbstsonne ausnutzte und bis zur letzten Minute im Schwimmbecken blieb, machte der Bademeister zum Abschied die Runde und schüttelte jedem die Hand. Wenn das nicht charmant ist! Und noch dazu ertönte (wie übrigens auch in anderen Wiener Bädern) aus den Lautsprechern der entzückende Song „Badeschluss. Es ist vorbei. Wo der Tag die Nacht begrüßt" der Wiener Band „5/8 in Ehr'n". Der Wiener Bäderstadtrat – ja, auch das gibt es in Wien, noch dazu mit dem Ur-Wiener Namen Czernohorszky – war von der Idee begeistert und nannte sie „super". Im Gegensatz zu manchen Badegästen, wie mir der Bademeister verriet: Sie beschwerten sich. Weil: „Der Österreicher ist von Natur aus dagegen." Der Wiener erst recht. Deshalb: Ganz ohne Grant geht es am Ende doch nicht, in Wien.